Gaetano Quagliariello
con la collaborazione di Claudia Passa

Sereno è

Scena e retroscena di una legislatura spericolata

RUBBETTINO

88049 Soveria Mannelli - Viale Rosario Rubbettino, 10 - tel (0968) 6664201
www.rubbettino.it

(...) donde venne la cognizione della giustizia. La qual cosa faceva che avendo di poi ad eleggere un principe, non andavano dietro al più gagliardo, ma a quello che fussi più prudente e più giusto.
(N. Machiavelli, *Discorsi sopra la prima deca di Tito Livio*, 1513- 1519)

(...) E la volta che hai guidato tu. Dentro il fosso a testa in giù (....)
(Drupi, *Sereno* è, 1974)

Premessa

Questo libro è quasi un diario. Ho riflettuto a lungo sull'opportunità e sulla convenienza di pubblicarlo, e ne ho concluso che probabilmente non sarebbe stato né opportuno né conveniente. E anche per questo mi sono deciso a farlo.

La legislatura che si è aperta nel 2013 è stata una legislatura di svolta: dopo il 1948 e il 1994, ha segnato la terza grande cesura nella storia delle consultazioni elettorali dell'Italia repubblicana. Nel 2013 è andato infatti in frantumi quel bipolarismo che, bene o male, aveva determinato per vent'anni l'equilibrio del nostro sistema politico. La diciassettesima legislatura è stata perciò una legislatura fluida, magmatica, completamente aperta nei suoi esiti, a tratti drammatica. In una parola, eccezionale.

Da questo quinquennio inquieto si deve comunque ripartire e, dunque, a una riflessione su quel che è stato e su quel che avrebbe potuto essere non possiamo sottrarci. L'Italia ha già troppe volte pagato caro l'essersi rifiutata di fare i conti con la propria storia. In tal senso, ovviamente, questo libro è nulla più che un contributo e, inoltre, un contributo parziale e per niente obiettivo. Spiego subito perché.

Per quanto riguarda la parzialità, vorrei rassicurare parenti e amici: non sono stato colpito dal "complesso dell'obelisco". Non credo certo che tutti gli avvenimenti importanti di questa legislatura siano passati dalla mia persona. Se nella narrazione mi troverete spesso sulla scena del delitto, è perché in queste pagine racconto ciò che conosco e per come l'ho vissuto. E se la lettura riuscirà a suscitare un po' di curiosità, forse altri – da diversi angoli d'osservazione – potranno integrare, approfondire, contraddire la ricostruzione che troverete in questo volume.

Anche perché, come già detto, la narrazione che segue sconta una totale assenza di obiettività. Il punto di vista attraverso il quale gli eventi vengono ripercorsi non è quello di un osservatore distaccato ma quello di una persona coinvolta negli avvenimenti fino al midollo. D'altro canto, per una vita ho insegnato ai miei allievi a non pretendere di essere obiettivi e a non credersi detentori della verità: ciò che si deve garantire ai lettori è la propria onestà intellettuale. Ho cercato di essere fedele a quell'insegnamento.

* * *

Ringrazio gli amici che hanno avuto la pazienza di rileggere in tutto o in parte il manoscritto per darmi un giudizio e colmare eventuali buchi nel ricordo o, per dirla con le parole di Leonardo Sciascia sullo smemorato di Collegno, per accompagnarmi in questo viaggio nel teatro della memoria. Voglio che conoscano la mia gratitudine, di cui è prova anche la decisione di non citarli per nome per non coinvolgerli nelle mie scelte. Per tutti, ringrazio la lettrice per me più importante: mia figlia Cecilia.

Ringrazio la casa editrice Rubbettino, in particolare Gabriella Grandinetti e "il capo", Florindo. Anche stavolta l'ho fatto impazzire e anche stavolta ha compiuto un miracolo. È stato tanti anni fa mio allievo alla Luiss, e so che è solo per deferenza nei confronti del vecchio professore che non mi manda al diavolo. Anche per questo continuo a fare libri e a farli con lui.

Ringrazio i miei collaboratori. Anche in questo caso, invece di menzionarli tutti, scelgo un simbolo: "le due Claudie". Una (Claudia Simoni) per l'acribìa, la precisione, la capacità di ricavarmi in un'agenda sempre incasinata spazi che ho utilizzato per lavorare a questo libro. L'altra (Claudia Passa) è quasi un coautore: ha seguito la stesura passo dopo passo e, sul finale, si è rovinata con me le vacanze venendo al mio trullo per aiutarmi a ultimare l'opera.

Dedico questo libro ad Andrea Augello, Luigi Compagna, Carlo Giovanardi, Vincenzo Piso, Eugenia Roccella e a me stesso: quella sporca mezza dozzina di parlamentari che oltre due anni fa, sfidando il buon senso e la convenienza, abbandonarono Ncd per tener fede al significato autentico di un'intrapresa. Da lì è nata "Idea", un'avventura temeraria. Il percorso fin qui compiuto non può ancora dirsi un successo ma è già quanto basta per affermare che in politica, così come nella vita, la razionalità ha a che fare col cuore non meno che con la mente.

G. Q.

1.

Il nipotino di Berlusconi

Diciassette è un numero che per opinione diffusa porta male. E quella della diciassettesima legislatura, se non è la storia di una legislatura molesta, è quantomeno la storia di una legislatura difficile.

Per comprenderne appieno la trama bisogna però partire dalla legislatura precedente – la sedicesima –, che pure aveva lasciato ben sperare dal momento che nella smorfia napoletana il sedici indica quella parte del corpo che tradizionalmente simboleggia la fortuna. E invece, i segnali di quel che è accaduto dal 2013 al 2017 erano già scritti negli eventi dell'anno prima.

Tutto ha inizio con la fine del quarto governo Berlusconi. Su quella vicenda molto si è detto, molto ci si è esercitati in congetture e interpretazioni, molto ci sarebbe ancora da dire. Avrei anch'io qualche episodio da raccontare in proposito, ma non ora e non qui perché rischierei di deviare la traiettoria di un racconto che ha invece un'origine e uno svolgimento ben definiti.

Eccoci dunque catapultati nel tardo 2011, quando entra in gioco un esecutivo tecnico che, per la prima volta dopo vent'anni, porta alla riluttante collaborazione tra i due poli tradizionali che si erano fin lì contesi la guida del Paese a colpi di delegittimazioni. Si tratta del governo Monti e della cosiddetta "maggioranza ABC": Alfano (segretario del Popolo della Libertà), Bersani (segretario del Partito Democratico), Casini (leader e capogruppo Udc alla Camera).

L'esperienza segna il tramonto del bipolarismo imperfetto e rissoso sul quale per quasi due decenni si era retto il sistema politico italiano: la comune responsabilità di governo non cancella le profonde differenze tra destra e sinistra (che difatti sarebbero presto tornate a darsele di santa ragione nella successiva campagna elettorale), ma apre un terzo spazio che si configura come opposizione a-ideologica al sistema ufficiale.

Fin da subito appare evidente che per non trasformare la pur breve stagione dei tecnici in una Caporetto per la politica e per quanti ne avevano fino a quel momento calcato la scena come attori principali, urge una chiara divisione dei compiti: all'esecutivo la *mission* di portare il Paese fuori dall'emergenza economico-finanziaria, sotto lo sguardo vigile e critico della maggioranza parlamentare che gli dà i numeri per governare; alla politica l'imperativo categorico di riformare se stessa e un sistema ormai stremato.

Agli occhi dell'opinione pubblica in quel momento la rigenerazione del sistema passa innanzi tutto da una riforma simbolo: la modifica di una legge elettorale che per anni aveva garantito alle segreterie dei partiti di nominare i rappresentanti del popolo contribuendo a un oggettivo indebolimento dell'immagine della classe politica. Solo dopo aver mandato al macero l'odiato Porcellum, dando prova di aver colto i profondi e neanche troppo latenti segnali di malessere, i due principali schieramenti avrebbero potuto tornare a contendersi il consenso dei cittadini, puntando anche al recupero della vasta area della protesta i cui portabandiera erano in agguato come falchi.

È proprio su questa strada che all'inizio ci si incammina. Il Pd, guidato da Pier Luigi Bersani, affida a Luciano Violante l'istruttoria su un programma realistico di riforme istituzionali da realizzare prima del termine della legislatura; il PdL incarica me, allora vicecapogruppo vicario al Senato. Lavoriamo a un progetto che prevede la riduzione del numero dei parlamentari; la razionalizzazione del bicameralismo attraverso un sistema che Leopoldo Elia aveva definito "la culla" (per approvare una legge basta di regola il voto di uno dei due rami del Parlamento, salvo il diritto dell'altro di richiedere a determinate condizioni una seconda lettura); la sfiducia costruttiva (il Parlamento non può sfiduciare un governo se contestualmente non è in grado di concedere la fiducia a un nuovo esecutivo); infine, la riforma della legge elettorale. Su quest'ultimo fronte, la proposta consiste in un sistema proporzionale con premio alla coalizione di entità crescente in base al risultato elettorale, ma mai superiore al 12 per cento. Proprio per la variabilità del premio, che avrebbe consentito alla coalizione vincente di veder crescere la propria rappresentanza in misura incrementale rispetto al consenso ricevuto, il meccanismo viene chiamato "ascensore". Accanto al premio di governabilità, la bozza prevede inoltre una soglia di sbarramento al 5 per cento e un sistema per la scelta dei parlamentari fondato in larga parte sul voto di preferenza. Col senno del poi è legittimo ritenere che, se si fosse andati fino in fondo, nessuna delle censure mosse dalla Corte Costituzionale al Porcellum e poi anche all'Italicum – eccessiva compressione della rappresentatività del Parlamento e mortificazione del diritto di scelta degli elettori – avrebbe avuto ragion d'essere.

Il progetto, oltre a quello dei due partiti principali, incassa il sostegno dei centristi, garantito dalla presenza alle riunioni di Ferdinando Adornato in loro rappresentanza, e anche un atteggiamento non pregiudizialmente ostile da parte della Lega, che legittimamente punta alla revisione di alcuni aspetti del testo senza però metterne in discussione l'impianto generale.

Si arriva così nella Commissione Affari Costituzionali del Senato, dove la proposta viene iscritta all'ordine del giorno e sottoposta alle prime votazioni. Silvio Berlusconi è consapevole, partecipe e prodigo di incoraggiamenti ad andare avanti con determinazione. «Gaetano – mi dice un giorno al telefono –, dobbiamo assolutamente portare a casa la riforma. È l'unica speranza che abbiamo perché il Paese non si avviti in una spirale distruttiva». Io non nascondo il mio scetticismo: tante altre volte ci avevamo provato seriamente, ma alla fine tutto era sempre andato in fumo. Ma Berlusconi insiste: «Questa volta è diverso. Se non raggiungiamo il risultato vengono a prenderci con i forconi. Te lo faccio dire anche dal mio nipotino di quattro anni». E in effetti nel ricevitore si inserisce la voce di un bambino, che ripete a modo suo il discorso che aveva appena ascoltato: «Andate avanti, andate avanti».

Ad andare avanti ci proviamo. Finché una mattina il telefono torna a squillare. Dall'altro capo c'è Angelino Alfano, segretario del PdL. Con i suoi modi come al solito gentili, quasi affettati, mi informa che ragioni di salute avrebbero imposto a Luciano Violante un periodo di astensione dall'attività politica e che dunque la responsabilità del lavoro sulle riforme, sul versante Pd, sarebbe stata assunta da Maurizio Migliavacca. Aggiunge che alla luce di questa novità si ritiene necessario sostituire anche il rappresentante del nostro schieramento, affidando l'incarico a Denis Verdini.

La logica della decisione mi sfugge, ma ne prendo atto e assicuro ad Angelino che avrei comunque continuato a fare la mia parte con lealtà in Parlamento.

Il progetto di riforma che avevamo elaborato con Violante viene presto liquidato. A intestarsi ufficialmente il killeraggio è il centrodestra, che per chiudere il cantiere dei lavori in corso rispolvera la parola d'ordine del presidenzialismo. Nobilissimo intento, se non fosse che, per il punto al quale è giunta la legislatura, l'idea non ha alcuna *chance* di diventare realtà. Manca il tempo, mancano i necessari approfondimenti per mettere in pista un progetto organico, mancano le condizioni politiche. Si tratta di una bandiera, al più di un impegno da inserire nel programma per le elezioni ormai imminenti.

Per annunciare la grande novella viene organizzata una conferenza stampa al Senato, nella Sala Koch, durante la quale un Berlusconi che sembra essere stato portato lì in catene illustra svogliatamente la proposta, mentre intorno a lui ci si sbraccia per presentarla alla stregua di una "svolta di Salerno" (quella con cui Palmiro Togliatti nel 1944 capovolse la linea del suo partito dando la disponibilità alla formazione di un governo fra tutte le forze che erano parte del Comitato di Liberazione Nazionale).

Ancora una volta non capisco ma mi adeguo. A quel punto, nelle condizioni date, la cosa migliore da fare mi sembra lavorare alla qualificazione della proposta presidenzialista: fare in modo che sia approvata almeno da un ramo del Parlamento, ribadire così la volontà riformatrice del centrodestra e nel frattempo concentrarsi sulla revisione della legge elettorale per la quale ci sono ancora i tempi tecnici.

Così accade, o almeno così inizialmente sembra. Nel luglio 2012 la riforma presidenziale viene approvata dal Senato, e l'evento ha una sua indubbia portata simbolica: è infatti la prima (e finora unica) volta nella storia d'Italia che un ramo del Parlamento si pronuncia a favore dell'elezione diretta del Presidente della Repubblica. Poi, come previsto, il testo finisce sul binario morto della Camera dei Deputati dove viene incardinato in Commissione e lì rimane.

Ammazzare la riforma della legge elettorale si rivela un po' più difficoltoso. La Commissione Affari Costituzionali del Senato è infatti animata da una sincera volontà di arrivare fino in fondo. Ma presto appare chiaro che una corrente trasversale alle principali forze politiche mira a prendere tempo per annegare tutto in un nulla di fatto.

Credo che il motivo principale dell'avversione alla riforma elettorale fosse il desiderio di mantenere le liste bloccate, che il nuovo testo avrebbe invece inevitabilmente fatto fuori. Ma se sul versante del Pd, allora considerato come il sicuro vincitore dell'imminente partita elettorale, l'interesse a tenersi il Porcellum aveva anche una intuibile logica politica per via del premio di maggioranza che quel sistema di voto avrebbe in ogni caso assicurato ai primi in classifica, per il PdL, dato per sconfitto da tutti i *bookmakers*, il discorso era ben diverso. Per i partiti del centrodestra si trattava di barattare la possibilità di nominare i parlamentari con l'attribuzione quasi certa allo schieramento avversario di un premio di maggioranza che la crescita di un "terzo polo", e cioè dell'area dell'antipolitica, avrebbe reso ben più consistente di quanto non avvenisse in epoca di bipolarismo trionfante. Finché a contendersi la vittoria erano sostanzialmente due schieramenti, infatti, era scontato che il vincitore arrivasse assai vicino al 50 per cento. Di conseguenza, il premio necessario per portarlo al di sopra della maggioranza assoluta era limitato. Non serve l'intervento di Pico della Mirandola né bisogna essere matematici provetti per comprendere che, dovendo dividere i voti per tre anziché per due, lo schieramento vincente si allontana dal 50 per cento e dunque per raggiungere quella soglia deve ricevere una compensazione in seggi ben più ampia.

Stando ai pronostici delle imminenti elezioni politiche, la scelta di ostacolare la modifica del Porcellum appare dunque per il centrodestra incomprensibile e obbiettivamente suicida.

Il tema è oggetto di discussione all'interno del PdL, dove le posizioni sono diversificate. Realizzo che non c'è più niente da fare quando un giorno, durante una seduta della Commissione Affari Costituzionali del Senato, sbircio l'sms che il collega di partito che mi siede accanto invia a Verdini, illustrandogli con dovizia di particolari tutte le tecniche dilatorie che avrebbero fatto saltare la riforma elettorale.

Qualche giorno dopo ricevo una telefonata del Capo dello Stato, Giorgio Napolitano, con il quale più volte avevo interloquito sul tema delle riforme. Alla sua domanda sullo stato dell'arte, rispondo con sincerità: a mio parere la partita è persa. Il Presidente mi invita allora a compiere un ulteriore tentativo per ricondurre i due principali partiti sulla strada dell'intesa e, a tal fine, mi suggerisce di confrontarmi con Luigi Zanda, allora vicecapogruppo del Pd al Senato, per una valutazione "bilaterale" sull'esistenza o meno di margini per recuperare la situazione.

Poco dopo mi contatta Zanda – aveva ricevuto anche lui la telefonata del Presidente e la medesima esortazione – e mi dà appuntamento alle ore 8 del mattino successivo, prima dell'inizio dei lavori nella Commissione Affari Costituzionali di cui entrambi eravamo membri, per un caffè in Piazza San Silvestro. Ci vediamo all'ora convenuta, in una giornata umida ma non piovosa. Consumiamo il caffè in un baretto e poi Luigi, con diplomazia e buone maniere, mi porta a spasso per mezz'ora. In tutti i sensi: camminiamo e divaghiamo.

Capisco a quel punto che anche all'interno del Pd i margini di movimento sono ridotti al lumicino. Forse non ristretti come quelli che ci sono nel PdL, ma comunque assai limitati. Non c'è niente da fare: anche la riforma della legge elettorale è destinata a passare in cavalleria. Si andrà a votare col vecchio impianto di sistema e con la vecchia regola di cooptazione della classe politica.

Accadde insomma, sul finire della legislatura 2008-2013, che la politica, piuttosto che guardare la luna, si fissò sul dito che la indicava. Piuttosto che cogliere i segnali di un malessere diffuso e profondo e dei radicali cambiamenti che avrebbe portato con sé, pensò che sarebbe stato sufficiente lasciare intatta la cornice affinché la raffigurazione del Paese conservasse le vecchie e rassicuranti tinte. Piuttosto che reinterpretarle in un nuovo sistema alla luce del mondo che cambiava, si illuse che la sommatoria delle legittime esigenze di ciascuno, ove queste fossero state soddisfatte, avrebbe consentito alla barca di andare avanti senza scossoni.

I "tecnici", dal canto loro, avrebbero dovuto comprendere l'eccezionalità del ruolo ricoperto e accettare di viverlo come parentesi, e invece hanno ceduto alla lusinga della discesa in campo. E una volta entrati in politica hanno assecondato la presunzione di poter essere alternativi a tutto e a tutti senza il bisogno di schierarsi e prendere parte. Se si fosse creato un grande schieramento moderato, accettando che la politica tornasse a dare le carte, probabilmente la storia avrebbe preso una piega diversa.

Il PdL sarebbe stato il più avvantaggiato da una riforma di sistema, soprattutto se l'avesse accompagnata con una rivisitazione della sua cultura e delle basi della sua alleanza. Ritenne invece che per affrontare quel tornante della storia sarebbe bastato cercare di pareggiare la partita al Senato e, alla Camera, uno straordinario recupero nelle urne. Recupero che in effetti come vedremo vi fu, ma, per ironia del destino, ebbe il solo risultato di rendere ancor più evidente la portata dell'errore commesso con la mancata riforma della legge elettorale. Sono convinto che in questa deriva – lo dico senza malanimo – l'iper-realismo di Verdini ebbe un ruolo fondamentale.

Il Pd, infine, pensava di avere già vinto e si illuse che la vittoria gli avrebbe consentito di appianare per vie interne quei problemi che la mancata riforma del sistema aveva lasciato irrisolti. Le primarie per la scelta delle candidature furono ad esempio viste come un rimedio per ovviare alle impopolari liste bloccate, che la sopravvivenza del Porcellum aveva lasciato intatte. Ma con ogni evidenza non bastò. La toppa, come si vedrà, si sarebbe rivelata peggiore del buco.

La miscela tra questi diversi atteggiamenti non tardò a produrre conseguenze dirompenti. L'*exploit* che da zero portò il Movimento 5 Stelle a essere la forza politica più votata in Italia non si spiega solo con la storia che abbiamo fin qui raccontato, ma certamente questa storia ha contribuito in misura importante a determinarlo. Anche perché, omettendo di occupare con una auto-riforma lo spazio che le era proprio, la politica si è vista addebitare da parte dell'opinione pubblica anche l'operato dei tecnici prestati al governo.

Le riforme dello Stato sono infatti uno strano oggetto politico: se le realizzi non puoi aspettarti un premio da parte degli elettori, perché non si vive di legge elettorale e neppure di presidenzialismo. Se coltivi però l'illusione di poter lasciare le regole immutate (o peggio, come sarebbe accaduto anni dopo, pretendi di modificarle a tuo piacimento) quando a cambiare sono non solo i giocatori in campo ma anche lo stesso campo da gioco, a volte paghi un prezzo altissimo. Perché vieni trascinato da una diversa logica di sistema che non riesci più a governare. E perché, in alcuni casi, dai l'impressione di voler utilizzare le istituzioni per perpetuare il tuo potere senza considerazione alcuna per ciò che accade intorno a te. Il risultato delle elezioni politiche del 2013 avrebbe confermato questa diagnosi. Avremmo dovuto dar retta al nipotino di Berlusconi.

2.

Lo scherzo

Le elezioni politiche del 24 e 25 febbraio 2013 si rivelano il canto del cigno del bipolarismo come l'Italia lo aveva fino a quel momento conosciuto. È vero infatti che l'esperimento terzista di Mario Monti si attesta un po' al di sotto delle ambizioni dei promotori. Ma è altrettanto vero che, considerando le singole liste al netto delle coalizioni, a imporsi come prima forza politica sul territorio nazionale è un movimento completamente estraneo rispetto agli schieramenti tradizionali.

Il dato più eclatante di una contesa considerata chiusa in partenza è tuttavia la straordinaria rimonta del centrodestra. Silvio Berlusconi si produce in una campagna elettorale strepitosa, il Pd stenta a spiccare il salto, e il risultato è che la coalizione guidata dal Cavaliere arriva a un soffio dalla sinistra, che pure era la grande favorita della vigilia. A separare i non-vincitori dai non-sconfitti è appena lo 0,3 per cento, ma il centrodestra si trova a pagare lo scotto degli eventi del recente passato.

La mancata riforma della legge elettorale si rivela fatale: mentre al Senato nessuno schieramento riesce neppure ad avvicinarsi alla maggioranza assoluta, alla Camera il Pd conquista il triplo dei seggi assegnati al PdL. Il Porcellum prevedeva infatti che al partito o alla coalizione che avesse preso anche un solo voto in più rispetto agli avversari fosse attribuito un premio tale da assicurargli alla Camera il 54 per cento dei seggi (340 su 630), indipendentemente dal raggiungimento di una determinata soglia minima di suffragio.

Non è un caso se l'incostituzionalità di un meccanismo del genere, che vigeva allora da quasi un decennio, si sia manifestata in maniera conclamata solo dopo la tornata elettorale che ha scardinato l'equilibrio bipolare. Come abbiamo già osservato, finché a contendersi il consenso erano essenzialmente due schieramenti, entrambi si avvicinavano alla maggioranza assoluta e il premio assegnato al vincitore per portarlo a 340 seggi non superava mai una "modica quantità". Con la comparsa sulla scena del Movimento 5 Stelle e l'avvento di un sistema quantomeno tripolare, la sproporzione tra voti e seggi è diventata clamorosamente patologica. Ciò spiega in parte la ritrosia della sinistra in odore di vittoria a disfarsi di una legge elettorale così "generosa", mentre rende incomprensibile – per non dire suicida – la scelta del PdL di assecondare l'agguerrita corrente interna che nei mesi precedenti alle elezioni aveva sostanzialmente concordato con il Pd di lasciare tutto così com'era.

Insomma, nel febbraio 2013 l'esito a dir poco stravagante di una elezione giocata con regole introdotte in tutt'altro contesto e ormai lunari rispetto al quadro politico è facile pronostico. E il risultato sorprendente della coalizione guidata da Silvio Berlusconi non fa che evidenziare ancor di più il dato. A fronte di un sostanziale pareggio, il centrodestra si trova nettamente sottorappresentato, mentre al Pd viene attribuito un peso parlamentare molto superiore rispetto al suo peso politico e per questo difficilmente gestibile da parte di una dirigenza uscita un po' ammaccata dalla deludente prova elettorale e insidiata da avversari interni già allora assai ambiziosi e spregiudicati.

I nodi sarebbero venuti al pettine quando un Parlamento sostanzialmente paralizzato non sarebbe riuscito a eleggere il successore di Giorgio Napolitano. Ma le difficoltà si manifestano già nei sessanta giorni precedenti, allorché in capo al leader della coalizione vincitrice (di poco) ricade l'onere di sbrogliare la matassa, avendo alle spalle la forza numerica della maggioranza assoluta in un ramo del Parlamento ma anche la scarsa legittimazione derivante dal consenso di neppure un terzo degli elettori.

La direzione che Pier Luigi Bersani intende imprimere alla ricerca di una soluzione appare chiara fin da subito, e viene confermata dall'elezione dei Presidenti delle Camere: due *outsider* della politica, entrambi a loro modo fortemente connotati, difficilmente identificabili come figure di mediazione. Il segretario del Pd si getta a capofitto nell'infruttuosa rincorsa di un "governo di cambiamento" con il Movimento 5 Stelle. Per stanare i pentastellati fa di tutto, persino sottoporsi a un incontro in diretta *streaming* e a consultazioni con la più varia umanità catalogata alla voce "società civile". Il centrodestra, dal canto suo, tocca con mano il pericolo mortale di una possibile saldatura tra la sinistra e le forze anti-sistema, in nome non di un progetto comune ma di un comune nemico.

Nel periodo successivo al voto Silvio Berlusconi, forte della prova di vitalità fornita in campagna elettorale e agevolato dal chiamarsi fuori dei grillini dall'accordo proposto loro dalla sinistra, per uscire dallo stallo invoca con insistenza – e il PdL con lui – la formazione di un governo politico di emergenza nazionale, con la comune assunzione di responsabilità da parte dei due schieramenti tradizionali usciti alla pari dal verdetto delle urne. Ma il Pd, pur lacerato e sfiancato, persevera nel non acconsentire. A nulla vale la *moral suasion* del Capo dello Stato, né essa può tramutarsi in una minaccia di scioglimento-lampo delle Camere appena elette: Napolitano è infatti prossimo alla scadenza del mandato, ignaro che di lì a poco sarà chiamato a succedere a se stesso, e la Costituzione, con la regola del cosiddetto "semestre bianco", gli impedisce di mandare a casa il Parlamento.

Sabato 30 marzo, vigilia di Pasqua. Mentre l'ennesimo giro di consultazioni conferma la distanza fra le diverse posizioni, una telefonata del Cavaliere mi raggiunge a Budapest dove mi trovo con la mia famiglia. Il Presidente della Repubblica aveva deciso di istituire due gruppi di lavoro, uno in campo economico e l'altro in campo politico-istituzionale, entrambi rigorosamente trasversali, con il compito di individuare in pochissimi giorni una possibile piattaforma programmatica condivisa da offrire ai partiti come contributo alla riflessione e delineare un percorso di riforme istituzionali di cui il Paese continuava più che mai ad avere bisogno. Berlusconi mi informa che io avrei rappresentato il centrodestra nel tavolo dedicato alle riforme.

Poco dopo arriva l'ufficializzazione preceduta da una chiamata del Capo dello Stato.

È così che improvvisamente mi ritrovo "saggio", anche se la definizione mi ha sempre fatto sorridere e in realtà mi si addice ben poco.

Iniziamo a lavorare all'indomani della Pasquetta. Con me, nell'austera auletta di Sant'Andrea al Quirinale che ospita i nostri lavori, ci sono Luciano Violante per il Pd, Mario Mauro per l'area centrista-montiana (era stato eletto in Senato nella lista di Scelta Civica) e Valerio Onida, presidente emerito della Corte Costituzionale, presidente della Scuola superiore della Magistratura, stimato anche dall'ala più movimentista della sinistra.

Dal lavoro dei "saggi" il centrodestra esce rafforzato. Le relazioni prodotte nei dieci giorni di clausura dimostrano infatti che un programma di riforme condivise per dare senso a un governo di emergenza c'è. E, cosa più importante, nelle piattaforme delineate dai gruppi di lavoro le idee del PdL trovano piena rappresentanza. Di più: prevalgono. In campo istituzionale e addirittura in un terreno solitamente divisivo come la giustizia. Sul punto, le proposte elaborate sembrano un estratto del nostro programma elettorale!

Il PdL rivendica il risultato solo a lavori conclusi. Prima e durante, l'iniziativa del Colle viene accolta da una certa diffidenza, che a tratti diventa vera e propria ostilità. Essendo direttamente coinvolto, è un clima che percepisco addosso. Eppure era stato Berlusconi a investirmi del compito e, in fondo, il lavoro di "fluidificazione" dei cosiddetti "saggi" serviva ad agevolare quel governo di larghe intese che il Cavaliere e il partito continuavano a invocare. Circostanze, queste ultime, che non manco di ricordare pubblicamente quando il fuoco amico, andando oltre gli anonimi spifferi evocati nei retroscena giornalistici, si fa esplicito.

In ogni caso vado avanti a lavorare, con la coscienza a posto di chi, in accordo con il leader e anzi su suo mandato, sa di difendere le posizioni del proprio partito.

Si procede con stile monacale, quasi in regime di clausura. L'impegno è così intenso e privo di fronzoli che le rituali visite di Pasquale Cascella, portavoce del presidente Napolitano, sono percepite quasi come una ricreazione.

Chi più di ogni altro tiene a questo rigore da conclave è Luciano Violante, tra di noi quello con più esperienza, una sorta di "padre priore". Luciano ed io siamo in qualche modo agevolati dalla reciproca dimestichezza derivante dal lavoro svolto insieme sul finire della legislatura precedente. Ma tutti sappiamo che il nostro compito è la ricerca di un equilibrio che non si riduca a mero equilibrismo.

Di tanto in tanto, durante le lunghe sedute di reclusione nelle quali cerco di strappare terreno alle proposte avversarie, i miei collaboratori mi aggiornano sulle notizie di stampa in merito al malumore che si andrebbe addensando nel PdL fino ai massimi livelli. Finché un giorno un buffo episodio mi rende chiaro quale sia la discrepanza tra la realtà e la sua rappresentazione.

Accade quando Valerio Onida rimane vittima di uno scherzo telefonico della trasmissione di Radio24 "La Zanzara" e, convinto di parlare con l'astrofisica Margherita Hack, si lascia andare a espressioni di aperto scetticismo sull'attività dei gruppi di lavoro («Probabilmente inutile, serve a coprire questo periodo di stallo...») e a giudizi ironici su Berlusconi («Vuole solo protezione. È anziano, speriamo si decida a godersi la sua vecchiaia, è un mio coetaneo. Potrebbe andare a godersi la sua vecchiaia e lasciare in pace gli italiani»).

Non appena le frasi rivolte dall'ignaro Onida alla finta Hack (in realtà un bravissimo imitatore) vengono rilanciate dalle agenzie di stampa, l'aria si fa pesante. Sia nei locali di Sant'Andrea al Quirinale, dove la notizia della beffa radiofonica ci coglie in piena riunione, sia nelle redazioni giornalistiche, dove in men che non si dica si sparge la voce di un Cavaliere furioso per l'oltraggio subìto e ancor più per una mia presunta reazione troppo tiepida. Prima che un comunicato di scuse e un mio incontro con Napolitano chiudano l'incidente, diversi miei compagni di partito, ritenendo di sintonizzarsi con l'umore del leader, diffondono dichiarazioni al vetriolo. Ma, come in un mondo allo specchio, è vero esattamente il contrario.

In realtà, al primo dispaccio di agenzia con le parole "rubate" di Valerio, io avevo preteso la sospensione dei lavori e minacciato, in assenza di un chiarimento, la fine traumatica dell'esperienza dei "saggi". Non ce l'avevo con Onida, anzi ricordo che in quell'occasione Luciano Violante fu più rigido di me. Ma il guaio era fatto e politicamente sarebbe stato impensabile astenersi dal reagire.

Senonché, non appena riesco a mettermi in contatto telefonico con Berlusconi, è proprio lui a calmare i bollenti spiriti. Il Cavaliere, che i retroscena dipingevano "furente", mi chiede di soprassedere. E alla mia obiezione di voler pretendere almeno delle pubbliche scuse, mi invita alla cautela: «Sii prudente, riprendete i lavori e andate avanti. Con tutto quello che ho passato, cosa vuoi che mi importi se il massimo dell'attacco che il professore mi rivolge è dire che sono un suo coetaneo? Anzi, se come mi assicuri è un tipo simpatico, lo inviterò ad andare in vacanza insieme».

3.

Il piatto piange

Mentre i "saggi" terminano il proprio lavoro consegnando il 12 aprile le relazioni conclusive, Giorgio Napolitano, convinto di aver consumato con quell'iniziativa di "facilitazione" il suo ultimo atto presidenziale, prepara il trasloco dal Quirinale. Le nebbie dello stallo politico iniziano a diradarsi. Nel Pd si fa strada la consapevolezza dell'ineluttabilità delle larghe intese. Il PdL assapora la soddisfazione di chi fin dal primo giorno aveva avuto ragione nel prefigurare un esito certamente non ricercato prima del voto ma, nelle condizioni date, inevitabile.

L'ipotesi di un secondo mandato, da più parti sollecitata, al Colle non viene nemmeno presa in considerazione. Chi in quei giorni fa visita al Presidente viene accolto in un ufficio vuoto: fuori dagli scatoloni resta solo un piattino di ovetti di cioccolato da offrire agli ospiti.

E invece meno di una settimana dopo, quando la situazione di caos sembra avviata verso uno sbocco ordinato, improvvisa cala la notte più lunga della Repubblica.

Il 18 aprile 2013 il Parlamento è convocato in seduta comune e composizione integrata dai delegati regionali per eleggere il nuovo Capo dello Stato. Ma in due giorni le tensioni interne al Pd, acuite dalla pressione del "popolo della Rete" scatenato soprattutto sui social network, bruciano prima Franco Marini, sigillo dell'accordo con il centrodestra, poi Romano Prodi, candidato di totale rottura, irricevibile per il PdL che difatti sale sulle barricate, sul quale però non si realizza la convergenza del Movimento 5 Stelle che continua a votare Stefano Rodotà. La sproporzione tra peso parlamentare e legittimazione politica, determinata dalle distorsioni del Porcellum, si scarica con tutta la sua forza paralizzante su quello che, specie in una fase di crisi, è l'appuntamento principale nella vita delle istituzioni. L'ingranaggio va in panne. Pier Luigi Bersani alza bandiera bianca e annuncia le dimissioni da segretario del Partito Democratico.

Tra i "grandi elettori" non c'è Matteo Renzi, che il Consiglio regionale della Toscana non aveva inviato a Roma nella terna di propria spettanza. Il giovane virgulto è però attivissimo, probabilmente anche per vendicarsi dello schiaffo ricevuto dal suo partito. In un capannello in Transatlantico, Alfano ci racconta di averlo sentito al telefono e di aver ascoltato una voce beffarda assicurare che avrebbe dato tutto il suo contributo alla giubilazione di Romano Prodi.

Dopo la bocciatura del Professore, il PdL è riunito in seduta permanente. A pranzo e a cena ci si ritrova a Palazzo Grazioli. Si prendono in considerazione le possibili soluzioni, ognuno condivide le proprie impressioni e soprattutto le informazioni raccolte. La sensazione è che attorno alla tavola del Cavaliere si raccolga una classe dirigente matura e consapevole.

Durante una di quelle riunioni conviviali Berlusconi riferisce di un incontro avuto con l'allora giudice costituzionale Sergio Mattarella.

A quel tempo la figura di Mattarella nelle nostre latitudini non era immune da pregiudizi, soprattutto per la sua storica appartenenza alla sinistra democristiana e per inclinazioni ideologiche considerate vicine a un cattolicesimo progressista distante dal nostro retroterra più conservatore. Berlusconi raccontò di aver riportato un'ottima impressione dal colloquio, ma secondo le sue previsioni né la candidatura di Mattarella né le altre che erano state ventilate avrebbero avuto una garanzia di successo.

Fu il leader del PdL, a quel punto, a intravedere come via d'uscita la rielezione di Giorgio Napolitano e a porre sul tavolo da gioco della politica l'eventualità di chiedere tutti insieme all'anziano Presidente la disponibilità per un nuovo mandato.

È in un clima da stato d'assedio, aggravato da una netta sensazione di impotenza, che la mattina del 20 aprile le delegazioni del Pd, del PdL e della Lega, seguite da Mario Monti e da una rappresentanza dei Presidenti delle Regioni, salgono una dopo l'altra in processione sul Colle. A un uomo non lontano dai novant'anni viene chiesto di caricarsi di nuovo sulle spalle il peso di un Paese allo sbando.

Giorgio Napolitano si prende un'ora per pensarci, ma probabilmente – a dispetto dell'età, della stanchezza e della nota contrarietà della moglie Clio – sa già di non avere scelta. Nel primissimo pomeriggio verga un comunicato nel quale si dice consapevole di non potersi sottrarre «a un'assunzione di responsabilità verso la nazione», «confidando che vi corrisponda una analoga collettiva assunzione di responsabilità». A sera la sesta fumata del Parlamento in seduta comune si tinge di bianco. Napolitano a malincuore riapre gli scatoloni. Gli ovetti di cioccolato non ci sono più: il piatto piange.

Quale collettiva assunzione di responsabilità si aspetti dalle forze politiche, il primo Presidente della Repubblica a succedere a se stesso lo chiarisce due giorni dopo.

All'atto del suo secondo giuramento di fronte alle Camere, il Capo dello Stato inchioda un Parlamento annichilito all'evidenza di un "imperdonabile nulla di fatto" e vincola indissolubilmente il suo mandato alla realizzazione di riforme ampiamente condivise che da troppo tempo l'Italia aspetta invano. Il riferimento è sia alla abortita revisione della legge elettorale sul finire della legislatura precedente, sia alle riforme costituzionali oggetto del dibattito politico ormai da decenni. Con parole estremamente dure, il Capo dello Stato qualifica il blocco istituzionale sfociato nella sua rielezione – costituzionalmente legittima ma certamente eccezionale – come «il punto di arrivo di una lunga serie di omissioni e di guasti, di chiusure e di irresponsabilità». Di qui l'ammonimento: «Se mi troverò di nuovo dinanzi a sordità come quelle contro cui ho cozzato nel passato, non esiterò a trarne le conseguenze dinanzi al Paese».

Al sonoro ceffone, le forze politiche avviate verso le larghe intese rispondono con un coro di ringraziamenti e di promesse.

Ma il vero vincitore della partita è Silvio Berlusconi. Il Cavaliere ne è consapevole, e non manca di evidenziarlo con il tono entusiastico delle sue dichiarazioni: «Il discorso più ineccepibile e straordinario che io abbia mai sentito in vent'anni». «Il miglior Presidente che in questo momento l'Italia potesse avere». «Meno male che Giorgio c'è», proclama il leader del PdL parafrasando il testo di una canzone a lui stesso dedicata.

Non passano tuttavia neanche quattro giorni – il tempo che Napolitano affidi a Enrico Letta l'incarico di formare l'esecutivo e che Berlusconi torni dal Texas dove si era recato per una cerimonia in onore di George Bush – e la politica torna a ballare la rumba.

Venerdì 26 aprile. Letta è alle prese con le caselle dei ministeri da riempire – pratica mai agevole, figuriamoci in una situazione del genere – e si è dato l'indomani come scadenza entro la quale comporre il puzzle e sciogliere la riserva. Nelle stesse ore il Cavaliere riunisce nella sua abitazione romana lo stato maggiore del partito, attraversato da umori ombrosi e mutevoli.

Sulla carta la situazione è semplicissima, soprattutto per Berlusconi e per il PdL che, a rigor di logica, incassano con le tanto invocate larghe intese una indiscussa vittoria politica. Nella realtà, tuttavia, le cose sono più complicate. Vent'anni di delegittimazioni e di guerra civile strisciante pesano infatti come un macigno sulla collaborazione forzata fra i due schieramenti. E se il centrosinistra ha il problema di scendere pubblicamente a patti con il "nemico" dopo quattro lustri di antiberlusconismo viscerale, al Cavaliere è richiesto ben di più: di mettere da parte una intima, comprensibile diffidenza generata da un lungo assedio politico-giudiziario che gli avversari non hanno mai mancato di cavalcare e che al momento di siglare l'accordo emergenziale di governo è tutt'altro che sopito. C'è infatti in corso il processo Ruby, destinato a concludersi due anni dopo con l'assoluzione tanto in appello quanto in Cassazione, ma all'epoca condotto con piglio bellicoso sia dalla Procura che dal Tribunale di Milano. C'è l'indagine barese sul caso Tarantini. Da poco sono arrivate l'inchiesta di Napoli sulla presunta compravendita di senatori all'epoca della caduta del governo Prodi e la condanna in primo grado per la rivelazione dell'intercettazione tra Piero Fassino e Giovanni Consorte sul caso Unipol (la famosa telefonata dell'«Abbiamo una banca?» pubblicata tempo addietro dal «Giornale»). Anche queste ultime due vicende, non prive di aspetti surreali, si sarebbero concluse nel nulla.

Soprattutto, incombe gravido di oscuri presagi il processo Mediaset, che già in primo grado aveva fatto discutere per la scelta, sorprendente per un procedimento di tale complessità, di depositare le motivazioni contestualmente alla sentenza di condanna, accelerando i termini di impugnazione e trasmettendo la sensazione di assistere, più che a un processo, a una corsa verso un traguardo da raggiungere.

Nelle settimane precedenti, per rasserenare ulteriormente il clima, un breve ricovero di Berlusconi in ospedale a causa di una brutta uveite era stato funestato da una raffica di visite fiscali disposte dalle varie corti di fronte alle quali avrebbero dovuto svolgersi udienze per cui il Cavaliere aveva chiesto un rinvio per ragioni di salute. La forte impressione di un accanimento umano, oltreché politico e giudiziario, aveva determinato come reazione una pacifica ma inedita e forse inopportuna sfilata dei parlamentari del PdL davanti al Palazzo di Giustizia di Milano. L'iniziativa aveva avuto l'effetto di una detonazione nucleare, ma ancor più degno di nota sarebbe stato l'epilogo della vicenda. Il giorno successivo al sit-in, nel pieno delle polemiche, Napolitano aveva infatti ricevuto al Quirinale, separatamente, i vertici del nostro partito (il segretario Alfano e i capigruppo uscenti Fabrizio Cicchitto e Maurizio Gasparri) e il comitato di presidenza del Consiglio Superiore della Magistratura. Dopo quest'ultimo incontro, nell'apparente tentativo di restare terzo evidenziando agli uni le ragioni degli altri e viceversa, il Capo dello Stato aveva diramato una nota in realtà assai significativa (e difatti molto applaudita dal PdL), riconoscendo come "comprensibile", in vista di appuntamenti istituzionali di importanza cruciale, la preoccupazione del centrodestra per l'agibilità politica del proprio leader.

A seguito di quel comunicato, Napolitano aveva dovuto difendersi dall'accusa di aver propiziato una sorta di "scudo *ad personam*" per il Cavaliere. Ma certamente l'episodio aiuta a capire il contesto nel quale le scelte successive sarebbero maturate.

Secondo la lettura interessata di alcuni suoi detrattori, l'incidenza delle vicende giudiziarie sulle scelte politiche avrebbe rappresentato nel tempo la quintessenza di un presunto corto circuito tra il Berlusconi pubblico e il Berlusconi privato. Se tuttavia si considera la storia d'Italia dal 1994 in avanti, e soprattutto si accetta di guardarla senza la lente deformante dell'ideologia e del pregiudizio, non si può non riconoscere come nei confronti del fondatore del centrodestra una parte del potere giudiziario, certamente minoritaria ma certamente agguerrita, si sia fatta *lato sensu* attore politico. Gli avversari propriamente politici, alcuni poteri economico-finanziari e rilevanti settori della cultura, della pubblicistica e dell'informazione hanno fatto il resto: l'uso dell'arma giudiziaria contro il "nemico", a discapito dell'equilibrio democratico del sistema, ha imposto come legittima e addirittura necessaria la politicizzazione del tema in senso uguale e contrario. Di fronte al *contra personam* e alla tragica illusione della sinistra di potersene servire senza pagarne poi lo scotto, l'*ad personam* diviene difesa legittima non di una persona ma dell'ordinamento costituzionale.

Insomma, per dirla più semplicemente e tornare al filo del nostro racconto, dar vita in una situazione eccezionale a un governo di larghe intese in Italia non è come farlo in Germania, in Inghilterra o in Francia. Con un simile ventennale *background*, è comprensibile da parte del centrodestra il timore che quell'accordo emergenziale possa essere poi utilizzato dalla sinistra come un passaggio per chiudere la partita, magari servendosi ancora una volta della via giudiziaria. D'altro canto, alla luce di quanto sarebbe accaduto in seguito, anche chi come me riteneva e continua a ritenere che il governo Letta dovesse andare avanti e giungere al risultato di una riforma condivisa delle istituzioni, non può non riconoscere come in quella fase le scelte si presentassero oggettivamente controverse e legittima fosse la ricerca di garanzie politiche.

Nel venerdì di passione che precede la nascita dell'esecutivo, antiche diffidenze riaffiorano e per qualche ora prendono il sopravvento, nel Cavaliere e nel partito radunato a Palazzo Grazioli. Io rimango escluso dal passaparola di convocazione della riunione, per cui l'eco di quelle ore concitate mi giunge tramite le comunicazioni via sms dei presenti e, con ancor più nitore, attraverso l'ira funesta del Capo dello Stato al quale Gianni Letta e Angelino Alfano avevano appena comunicato, non senza imbarazzo, la dirompente ambasciata: il governo Letta non s'ha più da fare.

Napolitano non la prende bene. Su tutti noi del PdL rovescia la rabbia di un fiume in piena. «Adesso ho capito – si sfoga con chi ha modo di parlargli –. Voi mi avete imprigionato qui dentro perché volete farmi uscire dal Quirinale in ambulanza».

È a questo punto che scende in campo una inedita contraerea. A insistere con Berlusconi sull'ineluttabilità del passo da compiere per non mandare all'aria una vittoria politica faticosamente realizzata, e soprattutto per non far ripiombare l'Italia nell'incubo di una paralisi che a quel punto verrebbe addebitata al PdL e al suo leader, sono soprattutto due persone: Fedele Confalonieri e Camillo Ruini. Ciascuno a modo suo e senza nulla sapere dell'iniziativa dell'altro. Chi per telefono, chi precipitandosi nella sua abitazione romana, i due consigliano al Cavaliere di non rendersi artefice di un atto che oltre a essere letto come l'omicidio di una nazione, si rivelerebbe un suicidio per se stesso e per tutto ciò che aveva fin lì costruito.

Della buona fede dei suoi interlocutori Berlusconi non può dubitare. Uno è l'amico e collaboratore di una vita, l'altro è un cardinale che anche nei momenti di maggiore distanza tra il centrodestra e l'opinione pubblica cattolica ha sempre saputo riconoscere la coerenza di una direzione di fondo nelle scelte politiche e legislative. Gli animi si placano, i propositi bellicosi rientrano. In serata riprendono le trattative con Enrico Letta. Il giorno successivo il Presidente del Consiglio incaricato sale al Colle con la lista dei ministri.

Il governo delle larghe intese nasce insomma con la migliore delle intenzioni ma sotto il peggiore degli auspici. Berlusconi in cuor suo lo accetta malvolentieri. Ma, a dispetto delle apparenze e della narrazione autoassolutoria della sinistra, la storia vera dei mesi e degli anni successivi racconterà di un atteggiamento asimmetrico da parte dei contraenti di quello strano patto emergenziale, e non dispenserà in ugual misura torti e ragioni.

La comune assunzione di responsabilità dopo il pareggio elettorale del 2013, e la sfida di un rinnovato patto costituente per dare nuove regole al confronto democratico tra avversari politici, poggiavano su basi molto fragili e avrebbero richiesto da parte di tutti un atto di disponibilità e di coraggio. A conti fatti, oggi possiamo dire che alla faticosa costituzione di quel capitale sociale non tutti gli azionisti hanno contribuito fino in fondo. Lo ha fatto Silvio Berlusconi, che avrebbe potuto godersi lo spettacolo dell'implosione dei suoi antagonisti storici per trarne a stretto giro il dividendo politico, e invece ha offerto a loro e al Paese lo sbocco istituzionale delle larghe intese. Lo hanno fatto anche, per un certo periodo, i parlamentari che nell'autunno del 2013 compirono un doloroso strappo rispetto alla propria storia (ci arriveremo), e consentirono alla legislatura di andare avanti e al programma di riforme di non spegnersi già sul nascere. Non lo ha fatto invece il Pd, che ha mancato la prova decisiva. Tra la difesa dello Stato di diritto e la tentazione di liquidare con l'arma impropria di una legge a dir poco controversa il ventennale nemico, senza neanche lo sforzo minimo di attendere un provvedimento giudiziario interdittivo sul quale fondare il proprio atto di rivalsa, la sinistra ha scelto la seconda strada, minando irreversibilmente il precario equilibrio sul quale il comune impegno si reggeva.

Il giorno della verità sarebbe arrivato tre anni e mezzo più tardi, nella stessa aula del Senato che contro Silvio Berlusconi nell'autunno del 2013 aveva sacrificato sull'altare della legge Severino i più basilari princìpi dell'ordinamento. Chiamati a pronunciarsi sulla decadenza del senatore Augusto Minzolini, i senatori del Partito Democratico nel marzo 2017 avrebbero riscoperto e rivendicato quei princìpi contraddetti da una legge irrazionale, con ciò dimostrando di averli tre anni e mezzo prima deliberatamente ignorati e calpestati. L'inevitabile confronto fra le due vicende, e fra i loro esiti diametralmente opposti, fa comprendere quanto profonda sia stata la ferita inferta con la cacciata di Silvio Berlusconi dal Parlamento e quali conseguenze abbia prodotto sulla infausta legislatura che va sotto il numero diciassette.

4.

Una gita scolastica

Agli occhi del Paese ignaro del travaglio della vigilia, l'approdo al governo di unità nazionale, al quale la rielezione di Giorgio Napolitano aveva spalancato la strada, è indiscutibilmente una vittoria di Silvio Berlusconi. Il Pd si trova a subire da semi-sconfitto una situazione che due mesi prima avrebbe potuto guidare da semi-vincitore. Il leader del PdL, invece, vede concretizzarsi uno scenario che non solo aveva proposto nella formalità delle consultazioni istituzionali, non solo aveva caldeggiato nelle dichiarazioni pubbliche, ma era giunto a invocare anche in due affollatissime manifestazioni. La prima a Roma, in piazza del Popolo. La seconda a Bari in piazza della Libertà (detta piazza Prefettura), di fronte alla sede del Comune, sul cui balcone il vulcanico Michele Emiliano, allora sindaco della città, aveva fatto affiggere un vistoso striscione con la scritta «Caro Silvio, bentornato a Bari».

Conosco Michele da quando eravamo ragazzini. Abbiamo abitato nello stesso palazzo per tutto il periodo della nostra adolescenza. Abbiamo percorso per cinque anni la stessa strada diretti verso la stessa scuola, parlando di sport, di politica e di ragazze. Al di là della provocatoria ironia sottesa a quello striscione per via del caso D'Addario che tanto aveva fatto parlare in quel di Bari, posso assicurare che la simpatia del "gladiatore" pugliese nei confronti del Cavaliere è autentica.

Torniamo alla nascita del governo Letta, e a tal proposito devo aprire una piccola parentesi che mi riguarda. Alla luce del lavoro nella commissione dei "saggi" su una piattaforma di riforme condivise, non è infatti inverosimile l'ipotesi di un mio ingresso nell'esecutivo. Me ne rendo conto durante un pranzo a Palazzo Grazioli, quando un autorevole compagno di partito, non proprio entusiasta di questa eventualità, mi sussurra nell'orecchio: «Non pensare di essere già ministro». Io in realtà non lo penso ma – lo ammetto senza ipocrisie – un po' ci spero: avendo collaborato a un programma di riforma, credo sia umano desiderare di poter contribuire a tradurlo in pratica, se vi sono le giuste condizioni politiche.

La conferma mi giunge dalla telefonata di un'amica giornalista che ha appena conosciuto da Daniela Santanchè la lista dei ministri in quota PdL. Apprendo così che siamo in cinque: Angelino Alfano vicepremier e ministro dell'Interno, Maurizio Lupi alle Infrastrutture, Nunzia De Girolamo all'Agricoltura, Beatrice Lorenzin alla Salute e io alle Riforme. Rispetto alle voci della vigilia, a destare sorpresa non è la mia nomina. Più inattesa è l'investitura di Beatrice e di Nunzia.

Dopo circa un'ora ricevo la telefonata ufficiale del presidente Berlusconi. Il Cavaliere tiene a sottolineare di essere stato lui a proporre il mio nome, e aggiunge: «Certo, facendolo non penso di aver dispiaciuto il Capo dello Stato». Lo ringrazio e, come spesso mi capita con lui, devo sembrargli un po' impacciato e ingessato, perché invece di comunicargli una sensazione umana gli ammannisco le mie considerazioni sul capolavoro compiuto dal PdL dalla campagna elettorale in poi.

Più avanti, quando i nostri giudizi sugli eventi politici e la situazione del centrodestra hanno vissuto fasi di divergenza, in più occasioni, secondo quanto mi è stato riferito, Berlusconi avrebbe attribuito alla sola volontà del presidente Napolitano la mia nomina nel governo Letta. In coscienza, non credo che lui abbia acconsentito solo per accondiscendenza. Fine della parentesi personale.

I pessimi auspici sotto i quali l'esecutivo di Enrico Letta vede la luce vengono confermati il giorno del giuramento. Mentre ci troviamo intenti alle ritualità del caso, la notizia di una sparatoria davanti Palazzo Chigi irrompe nel Salone delle Feste del Quirinale. All'inizio una nebbia piuttosto fitta avvolge i particolari dell'accaduto, ma la sostanza dei fatti è sufficiente per incutere preoccupazione e mestizia. Due carabinieri restano feriti; uno – Giuseppe Giangrande – è grave e sconterà per il resto dei suoi giorni le pesantissime conseguenze di quell'aggressione. Il modo in cui lui e sua figlia Martina, già segnati dalla recente perdita della moglie e mamma, avrebbero affrontato questa difficile prova, consacrerà Giangrande fra gli eroi silenziosi del nostro tempo.

Retrospettivamente l'esordio del governo Letta, nel suo complesso così tribolato, sembra quasi una metafora: la sua navigazione sarà un travaglio senza fine; il lavoro dell'esecutivo una conquista da confermare ogni giorno. Eppure, a dispetto di un percorso così accidentato, il clima che si respira nella compagine è sorprendentemente positivo. È come se due mondi che fino a quel momento si erano frontalmente contrapposti in nome di una irriducibile inimicizia imparassero a conoscersi, con lo stupore di scoprire che quegli strani e temporanei compagni di viaggio, umanamente, non sono poi così male.

Il segreto di quella singolare convivenza risiede in fondo proprio nella consapevolezza di vivere un'anomalia. Nella ferma intenzione di non confondere le proprie rispettive identità, nella orgogliosa rivendicazione delle reciproche differenze. Una collaborazione emergenziale fra diversi per riscrivere le comuni regole del gioco e tornare poi a dividersi sulle opposte visioni del mondo: questo è il governo Letta.

Del resto, l'occasione per chiarire che non avremmo "cambiato pelle" per noi del PdL si presenta molto presto. All'indomani della sentenza di condanna nel processo d'appello sul caso Mediaset, un evento di piazza, organizzato a Brescia in vista delle imminenti elezioni comunali, viene trasformato in una manifestazione di solidarietà nei confronti di Silvio Berlusconi. Sfidando gli strali del Pd, Maurizio Lupi ed io partecipiamo. Con noi c'è Angelino Alfano, segretario del PdL, cui tocca la giornata più difficile per il concomitante ruolo di ministro dell'Interno e garante dell'ordine pubblico. La tensione è infatti palpabile: in piazza si organizzano contestazioni e c'è il timore di derive violente.

Sappiamo che la nostra presenza non è gradita dagli alleati di governo, ma a maggior ragione decidiamo di andare a Brescia. Perché sia chiaro a tutti ciò che a noi è evidente: condividere un'esperienza di governo con il Pd non ci avrebbe trasformato in una appendice del Pd. E così è stato, fin tanto che a Palazzo Chigi è rimasto Enrico Letta.

Gran parte dei colleghi di governo sono per me degli sconosciuti. Tra le poche eccezioni c'è proprio il Presidente del Consiglio, che avevo incrociato più volte in contesti accademici e nei seminari "trasversali" dell'Intergruppo parlamentare per la Sussidiarietà, raggruppamento di matrice cattolica dedito a promuovere una concezione sussidiaria della società e dell'organizzazione dello Stato.

Per paradosso, da un Parlamento nel quale la rappresentanza dei cattolici è la più debole di tutta la storia repubblicana, scaturisce un governo in cui la componente cristiana è addirittura egemone, dal momento che alla compagine del centrodestra si aggiungono presenze come quelle del premier Letta, di Dario Franceschini, di Graziano Delrio. Un giorno, al termine di una riunione del Consiglio dei ministri, questo comune denominatore si manifesta in un siparietto che ha come protagonista monsignor Massimo Camisasca. Io sono personalmente legato a don Massimo, che per me è stato molto importante negli anni di avvicinamento alla fede. Maurizio Lupi e Mario Mauro lo conoscono benissimo in quanto ex collaboratore di don Giussani. Incaricato della guida della diocesi di Reggio Emilia, Camisasca è poi divenuto il vescovo di Graziano Delrio. Telefoniamo tutti insieme a don Massimo il quale, come ci confida via cavo, considera quello strano governo una sorta di "fragile miracolo divino".

Enrico intende sfruttare questo clima, perciò gli viene l'idea di portare la squadra in ritiro per mettere a punto le linee di intervento dell'esecutivo. Per quanto mi riguarda, prima di partire compio un rapido giro d'orizzonte con le diverse forze politiche. Sento ad esempio Giorgia Meloni e Ignazio La Russa per Fratelli d'Italia e Roberto Calderoli per la Lega, vedo Loredana De Petris e Gennaro Migliore per Sel. Sul fronte istituzionale, incontro in rapida successione Berlusconi, Napolitano e lo stesso premier. Ai miei interlocutori espongo il percorso che ho in mente per realizzare le riforme. Passo dopo passo tengo inoltre costantemente informato Gianni Letta.

Non credevo – e non credo tutt'ora – che una revisione ampia e organica della seconda parte della Costituzione potesse passare dalla procedura ordinaria regolata dall'articolo 138 della stessa Carta (che prevede due deliberazioni da parte di ciascuna Camera con un intervallo non inferiore a tre mesi, il quorum della maggioranza assoluta nella seconda votazione e la possibilità di richiedere il referendum confermativo solo nel caso in cui in Parlamento il testo non raggiunga i due terzi dei consensi). Vi era in tal senso un triplice problema: rispettare l'orizzonte di diciotto mesi che il premier aveva tracciato per le riforme nel discorso con il quale aveva chiesto la fiducia delle Camere; evitare che le scelte parlamentari risultassero sostanzialmente delegittimate per via della rappresentanza "drogata" dal Porcellum (che difatti di lì a qualche tempo sarebbe stato dichiarato incostituzionale); assicurare un approccio organico, realmente "costituente", a una riforma ampia alla quale difficilmente il lavoro d'Aula avrebbe potuto garantire la necessaria coerenza interna (come si sarebbe visto con il successivo tentativo di revisione costituzionale bocciato dai cittadini con il referendum del 4 dicembre 2016).

Queste sono le problematiche con le quali in quei giorni mi trovo a confrontarmi, e la soluzione non è affatto scontata. Non mi appare percorribile la strada di una nuova commissione bicamerale sul modello delle precedenti. Tra l'altro, non sarebbe facile assegnarne la presidenza. Molti nel PdL – soprattutto l'ala più ostile al neonato governo – insistono perché quel ruolo venga affidato a Berlusconi, ma, nelle condizioni date, per noi sarebbe difficile tanto ottenere questo risultato quanto accettare soluzioni alternative.

La mia ipotesi è quella di derogare all'articolo 138 (lo aveva già proposto in passato Oscar Luigi Scalfaro, non un pericoloso eversore!), affidando il compito di redigere la riforma al lavoro comune dei venti componenti della Commissione Affari Costituzionali del Senato e di venti (su quaranta) membri della stessa Commissione di Montecitorio, designati in maniera tale da tener conto dei voti realmente ottenuti alle elezioni dalle diverse forze politiche e non solo dei seggi conquistati con il Porcellum: un *escamotage*, quest'ultimo, che avrebbe anestetizzato almeno in parte l'abnorme premio assegnato alla Camera al Pd e riequilibrato la rappresentanza tanto all'interno della maggioranza quanto tra maggioranza e opposizioni. I lavori di questa "bicameralina" sarebbero stati guidati congiuntamente dai presidenti delle due Commissioni parlamentari, in forza ai due principali partiti di maggioranza: Anna Finocchiaro (Pd) al Senato e Francesco Paolo Sisto (PdL) alla Camera. La riforma avrebbe dovuto riguardare bicameralismo, forma di governo, Titolo V, e solo a valle la legge elettorale, in modo da essere sicuri che il sistema di voto si inquadrasse senza forzature nel complessivo equilibrio istituzionale. Un cronoprogramma serrato ma ben ragionato avrebbe garantito il rispetto dei tempi senza comprimere le esigenze di approfondimento.

Appena l'ipotesi di lavoro prende forma, nel giro di consultazioni informali cerco un rapporto anche con il Movimento 5 Stelle. Dopo una iniziale disponibilità, tuttavia, mi scontro con una ermetica chiusura a esprimere qualsiasi intendimento. A quel tempo non avevo ancora trovato un canale di comunicazione che invece in seguito si sarebbe aperto, tanto sulla legge elettorale quanto su altre importanti questioni, nel rispetto delle posizioni di ciascuno e con la consapevolezza della reciproca distanza. Insomma, non sapevo che di lì a qualche tempo gli arcani percorsi della politica mi avrebbero portato a confrontarmi con un personaggio allora imperscrutabile come Gianroberto Casaleggio.

Dalle altre forze politiche, anche di opposizione, mi giunge invece una sostanziale adesione. Berlusconi, da giorni al centro delle cronache e dei retroscena giornalistici per via della possibile bicamerale "old style" e del conseguente toto-presidenza, mi invita ad andare avanti per la strada immaginata e a fregarmene di tutta quella discussione sulla sua potenziale investitura: «C'è sempre qualcuno più realista del re – mi dice –. Se ci sei tu a fare il ministro, è impossibile che ci venga assegnata anche l'altra posizione preminente nel campo delle riforme. Molto meglio superare il problema con il sistema dei due presidenti che ti sei inventato».

Il Presidente del Consiglio, dal canto suo, mi dà l'assenso sul percorso ma al tempo stesso pone un problema: «Per derogare all'articolo 138 bisogna approvare una legge costituzionale. Ben che vada ci vogliono sei mesi. Come facciamo nel frattempo a tenere le riforme a bagnomaria viste le scadenze draconiane che ci siamo dati?».

Dall'esigenza di non sprecare tempo nasce l'idea della commissione consultiva degli esperti: mettendo a frutto il periodo necessario per il varo della procedura speciale, un gruppo di giuristi di diverso orientamento e indiscusso prestigio avrebbe dovuto elaborare e consegnare al governo un lavoro preparatorio che il governo, a sua volta, avrebbe rimesso al Parlamento. L'idea, insomma, è quella di un percorso corale di riforma della Carta che rappresenti non solo e non tanto un'opera di ingegneria costituzionale, quanto un processo di riscoperta della coesione nazionale e di riqualificazione della politica. Per questo immagino di accompagnare quel cammino con altri strumenti di partecipazione, a cominciare da una consultazione popolare sui temi della riforma con intenti anche pedagogici e di approfondimento, e dal coinvolgimento delle scuole e delle università.

È Enrico Letta a parlare del "pacchetto" con il presidente Napolitano e con il ministro dei Rapporti con il Parlamento, Dario Franceschini. Io vado a trovare Anna Finocchiaro e Francesco Paolo Sisto. A quel punto il cerchio è chiuso. Il percorso delle riforme è idealmente tracciato. Non resta che iniziare a percorrerlo.

L'occasione per rendere pubblico questo programma si presenta quando il premier, fedele al suo proposito, porta la squadra di governo in ritiro presso l'abbazia di Spineto a Sarteano, una località non lontana da Siena a circa due ore di viaggio dalla Capitale.

Si parte una domenica pomeriggio, poco prima dell'inizio delle partite. La cosa, lo confesso, mi rende nervoso perché mi impedisce di seguire le gesta del Napoli.

Siamo dislocati su due pulmini: in uno si trovano Letta, Franceschini, Alfano e Lupi, nell'altro la restante compagine di governo. L'atmosfera sembra buona, qualcosa di simile alla gita scolastica descritta da Pupi Avati con alunni di sesso diverso che non si sono ancora vicendevolmente scoperti fino in fondo. Un clima, insomma, di laboriosa curiosità.

L'istantanea della partenza da Roma stride però con l'immagine che si presenta all'arrivo a Sarteano. Dal pulmino d'onore i "pesi massimi" scendono infatti visibilmente ingrugniti, Letta e Franceschini da una parte, Alfano e Lupi dall'altra. Ma mi basta osservarli per un attimo a distanza per capire che stanno palesemente fingendo a beneficio delle telecamere e dei giornalisti presenti. La sceneggiata serve a segnalare che i dissapori seguiti alla manifestazione di Brescia non sono ancora rientrati. Soprattutto, è un modo per contenere il "fuoco amico" proveniente dai rispettivi campi e non lasciar spazio alle accuse incrociate di "inciucio" a fronte di un inciucio che non c'è.

Nella politica di oggi l'immagine ha senza dubbio un ruolo insopprimibile. Nonostante questo dato mi fosse ben chiaro, considerai la pantomima un segno di debolezza: un indice di quanto fossero in realtà forti e agguerriti i nemici di quel tentativo di ricostruire, in un momento di emergenza, una base di coesione nazionale senza confondersi.

Questi nemici non albergavano tanto nelle file dell'opposizione, quanto nei due principali partiti che avevano dato vita a quell'esperienza di governo imposta dagli eventi. Con una differenza: mentre nel centrodestra di lì a qualche mese si sarebbe consumato un confronto trasparente fra posizioni diverse, nel Pd la guerriglia interna avrebbe ben presto assunto una piega subdola e insidiosa, scaricando sul rapporto con gli alleati-avversari la tensione di una sotterranea lotta per la conquista del potere.

Intanto, bisognava tentare di andare avanti. Prendendo a prestito l'insegnamento che il filosofo francese Ernest Renan ci aveva lasciato a proposito dell'idea di nazione, occorreva cercare ogni giorno nel proprio impegno una conferma delle ragioni per perseverare. Ma in quel momento, scendendo dal pulmino, pensai che uno di quei giorni qualcosa sarebbe potuto andare storto e la conferma non arrivare. Insomma, fin dalle prime battute di quel percorso di riforma ero consapevole che ci giocavamo una possibilità di farcela contro la probabilità di non riuscire. Tuttavia, valeva la pena provarci.

Il ritiro della leva calcistica della classe 2013 si conclude positivamente. Al termine dei lavori a Sarteano viene reso pubblico il tracciato immaginato per la revisione costituzionale. Subito dopo ci si mette al lavoro per seguire in raccordo con i gruppi di Camera e Senato la stesura delle mozioni di indirizzo con le quali il Parlamento avrebbe dato mandato al governo per varare la procedura speciale, sancendo anche in termini di iniziativa la centralità delle Camere. Nel frattempo chiedo e ottengo di essere ricevuto al Quirinale insieme ai presidenti delle Commissioni Affari Costituzionali di Palazzo Madama e Montecitorio, Finocchiaro e Sisto, con l'obiettivo di delineare il percorso parlamentare e i tempi della riforma. Probabilmente, ripercorrendo le vicende di quei mesi, quell'incontro è stato il passaggio istituzionalmente più forzato di una delicatissima fase.

Molto tempo dopo, proprio quelle mozioni sarebbero state oggetto di uno scambio di opinioni con il presidente Napolitano, iniziato in pubblico e proseguito in privato. Nel vivo della battaglia referendaria del 2016, a fronte delle diffuse critiche sull'eccesso di arroganza del governo Renzi nel maneggiare la Costituzione, in un'intervista a «Repubblica» Napolitano avrebbe individuato in quell'atto parlamentare, consumatosi durante il governo Letta, il mandato originario all'esecutivo per varare la legge di revisione della Carta, mandato di cui Renzi avrebbe semplicemente "ricevuto il testimone". In realtà quelle mozioni di indirizzo approvate tre anni prima non chiedevano affatto al governo di dettare la riforma. Al contrario, esse si limitavano a indicare un metodo e quel metodo implicava un'ampia condivisione politica e una centralità istituzionale del Parlamento.

Non solo dunque Renzi non aveva raccolto alcun testimone, ma quello che aveva ricevuto lo aveva preso e lo aveva scagliato il più lontano possibile.

Comprendevo le motivazioni che avevano indotto l'ormai emerito Capo dello Stato a sostenere il referendum: per lui si trattava di vedere coronato un percorso a monte del quale c'era anche un sacrificio personale. Ma so che allo stesso modo lui ha compreso le ragioni per le quali tanti di noi, che di quell'impegno riformista eravamo stati partecipi, non hanno potuto non dire No.

5.

Gli spari sopra

Fra maggio e giugno 2013 gli eventi si consumano in rapida successione.

Il 17 maggio la Corte di Cassazione spedisce il Porcellum alla Consulta sollevando questione di costituzionalità. La sorte della legge elettorale appare segnata: il rischio di una sostanziale delegittimazione del Parlamento in carica è elevatissimo. Ciò rende ancora più evidente che una riforma ampia e incisiva della Carta non sarebbe potuta passare dalla trafila ordinaria, ma avrebbe richiesto un rafforzamento delle garanzie e un riequilibrio nel peso specifico delle forze parlamentari, alterato da un abnorme premio di maggioranza in odore di incostituzionalità.

Il 29, dopo alcune giornate di discussioni febbrili segnate dalle resistenze interne alla maggioranza, la Camera e il Senato approvano le due mozioni dall'identico contenuto che tracciano nel dettaglio l'iter della riforma. Una settimana dopo, sulla scorta degli atti di indirizzo parlamentare, il Consiglio dei ministri avrebbe varato il disegno di legge costituzionale di deroga all'articolo 138 e alle sue procedure.

Alla vigilia del voto delle mozioni, la pattuglia di parlamentari che fa capo a Matteo Renzi (allora in minoranza nel Pd) dà il suo "contributo" al cammino delle riforme, presentando alla Camera un ulteriore documento a prima firma Roberto Giachetti per chiedere il ritorno al Mattarellum. È chiaramente una mossa di disturbo, una mina piazzata sul percorso: la fragile intesa fra le forze politiche si regge infatti sull'impegno a scrivere la nuova legge elettorale a valle della riforma della Costituzione per renderla coerente con il rinnovato quadro istituzionale, e limitarsi nel frattempo a interventi chirurgici e concordati sul sistema di voto, al fine di disporre di una legge al riparo da censure di costituzionalità in caso di elezioni anticipate. A nulla vale la richiesta del premier Letta e dell'allora capogruppo democratico Roberto Speranza di ritirare l'atto: alcuni dei firmatari fanno marcia indietro, ma i renziani tirano dritto andando incontro alla bocciatura nell'aula di Montecitorio. La mozione sul Mattarellum viene respinta ma la guerriglia è ufficialmente aperta.

Sul versante del PdL, invece, il confronto interno trova sfogo in una riunione-fiume dei parlamentari proseguita fino alla tarda serata del 28 maggio. Oggetti del contendere sono il percorso delle riforme e il connesso dibattito su una possibile legge elettorale "ponte" per correggere le storture del Porcellum, in attesa di dare un assetto definitivo al sistema di voto in coerenza con il nuovo ordinamento costituzionale. Sul fare della sera, dopo aver passato buona parte del tempo sul banco degli imputati, mi allontano dalla riunione per smaltire la tensione e raggiungo a cena il mio amico-avversario Ugo Sposetti. Fabrizio Cicchitto, fra i miei difensori più appassionati, non prende bene il fatto che io mi sia allontanato. Telefona ad Alfano e lo prega di precipitarsi a dare man forte prima che l'infuocata assise assuma una brutta piega. Angelino accorre e si sobbarca l'ingrato compito del mio patrocinio in contumacia, mentre sul mio telefono piovono gli improperi di Fabrizio e non solo. In quelle stesse ore – come si sarebbe saputo in seguito – l'ambasciatore kazako tentava invano di mettersi in contatto con il ministro Alfano per parlargli di Mukthar Ablyazov. Io più di altri sapevo che quando Angelino affermava di non averlo incontrato diceva la verità.

In quel periodo, al di là delle schermaglie interne ed esterne, il centrodestra vive una luna di miele con gli italiani. Fra i suoi atti iniziali, su pressante insistenza del PdL, il Consiglio dei ministri sospende la prima rata dell'Imu sulla prima casa e sui terreni e fabbricati agricoli. Un mese dopo viene varato il "decreto del fare", un pacchetto di misure per la crescita ispirato al nostro programma elettorale. Insomma: le nostre battaglie storiche trovano spazio. Soprattutto, né il premier né il suo partito fanno nulla per accaparrarsene il merito e per nascondere agli occhi del

Paese la paternità e l'impronta liberale di quei provvedimenti, che il Pd sembra quasi subire con fastidio.

Renzi ancora una volta "rosica". Forse perché vorrebbe trovarsi al posto di Enrico Letta a capo del governo, forse perché vorrebbe essere lui e non Berlusconi a poter rivendicare la sospensione dell'Imu, forse per entrambi questi motivi, il sindaco di Firenze non dissimula il suo incapricciamento. Parla di pagamento di cambiali, accusa la sinistra di aver dormito mentre il Cavaliere e il centrodestra mettevano la palla in rete prendendosi la scena politica, dice che lui al posto di Letta nei primi cento giorni avrebbe fatto una legge sul conflitto di interessi, che il problema è avere una visione ventennale, altro che Imu. Qualche giorno dopo, non contento, si butta sul terreno a lui congeniale delle offese personali prendendo di mira i capigruppo PdL Brunetta e Schifani.

Il 4 giugno Enrico Letta nomina la Commissione per le riforme costituzionali: il gruppo di esperti destinati a ereditare giornalisticamente l'appellativo di "saggi" e incaricati di svolgere una ricognizione tecnica sulle opzioni di riforma, in attesa che il Parlamento, dopo aver approvato la legge con la procedura speciale, possa finalmente entrare nel merito.

Comporre la squadra non si rivela un compito facile. Dai partiti arrivano pressioni fortissime, i nomi degli studiosi di valore che meriterebbero di essere "arruolati" sono numerosi, le scelte da compiere non indolori.

La logica che guida il reclutamento non è quella del manuale Cencelli, ma quella dell'inclusività. Da anni, se non da decenni, sui temi istituzionali le diverse scuole giuridiche si guardano in cagnesco e si fronteggiano a colpi di reciproche delegittimazioni. Se un'operazione come quella dei "saggi" ha un senso è innanzi tutto quello di superare questa incomunicabilità, affinché fin dalla ricognizione tecnica la riforma delle nostre istituzioni sia davvero la riforma di tutti.

Provo a coinvolgere anche il Movimento 5 Stelle, sollecitando indicazioni dai gruppi parlamentari. In assenza di riscontri mi pongo il problema di come assicurare una rappresentanza alle loro posizioni. Tento senza fortuna di portare in squadra Stefano Rodotà, che i pentastellati avevano scelto come loro candidato per il Quirinale. Mi va meglio con Lorenza Carlassare e Nadia Urbinati, certamente non ascrivibili al grillismo d'ordinanza ma vicine ad alcune istanze e sensibilità proprie di quel mondo. Ne parlo con il presidente Napolitano, che al pari di Enrico Letta non aveva fatto giungere alcuna segnalazione, e il Capo dello Stato conviene sulla scelta di non lasciar fuori alcun orientamento politico-culturale.

Se non che, a forza di includere, il numero di trenta nomi che ci eravamo dati come soglia non basta più. Decidiamo di arrivare a trentacinque, tranquilli del fatto che il lavoro dei professori sarebbe stato svolto a titolo completamente gratuito e dunque la lievitazione non avrebbe comportato grandi oneri. Ma anche a quota trentacinque il cerchio non si chiude. Per risolvere l'impasse, Dario Franceschini tira fuori l'uovo di Colombo: ai trentacinque membri della commissione si sarebbero aggiunti altri sette giuristi come componenti di un comitato di redazione incaricato (sempre a titolo gratuito) di seguire i lavori e stendere i testi che sarebbero confluiti nella relazione finale. La trovo una soluzione brillante. Prima però che ci sia il tempo di far digerire la novità alla filiera istituzionale, la notizia dell'ulteriore ingrossamento finisce sul «Corriere della Sera». Ne consegue un cazziatone di Napolitano a Enrico, e a cascata di Enrico al sottoscritto.

Prima della nomina ufficiale della commissione invito a pranzo Angelo Panebianco e Augusto Barbera, miei vecchi colleghi dell'università di Bologna e Forlì dove ho insegnato per tre anni, e incontro i presidenti emeriti della Consulta che avrebbero fatto parte della compagine: Enzo Cheli, Cesare Mirabelli, Valerio Onida. Il risultato finale, al netto del dispiacere per ulteriori studiosi che pure avrebbero meritato di essere inclusi, è un amalgama ben riuscito. Nella squadra trovano spazio ovviamente molti costituzionalisti, ma anche scienziati della politica, storici ed economisti. Alcuni, come Michele Ainis, Giuditta Brunelli, Lorenza Carlassare, Elisabetta Catelani, Mario Chiti, Giandomenico Falcon, Maria Cristina Grisolia, Marco Olivetti, Carmela Salazar, Nadia Urbinati e Luciano Vandelli, non avevo avuto prima di allora il piacere di conoscerli personalmente. Altri li avevo già incontrati in ambito accademico o politico: Stefano Ceccanti, Anna Chimenti, Pietro Ciarlo, Francesco Clementi, Giuseppe Di Federico, Mario Dogliani, Francesco D'Onofrio, Franco Frattini, Massimo Luciani, Stefano Mannoni, Anna Moscarini, Cesare Pinelli, Anna Maria Poggi, Guido Tabellini, Claudio Tucciarelli, Luciano Violante, Lorenza Violini. Con un gruppo di loro avevo in tempi diversi collaborato nell'ambito della Fondazione Magna Carta: Beniamino Caravita di Toritto, Ginevra Cerrina Feroni, Giuseppe de Vergottini, Tommaso Edoardo Frosini, Vincenzo Lippolis, Ida Nicotra, Giovanni Pitruzzella, Nicolò Zanon. Altri infine, come Nicola Lupo, posso considerarli quasi miei allievi. Al tavolo dei "saggi" siedono inoltre Luca Antonini, costituzionalista e capo del dipartimento per le Riforme, Peppino Calderisi, mio consigliere al ministero ed esperto come pochi al mondo di sistemi istituzionali, Raffaele Perna, consigliere parlamentare e mio capo di gabinetto.

A me, in quanto ministro delle Riforme, tocca l'onore di presiedere la commissione su delega del premier. Fin dall'inizio, però, l'onere ce lo dividiamo in due. Luciano Violante è infatti formalmente il coordinatore del comitato di redazione, ma nella sostanza mi affianca nel lavoro come prezioso compagno di avventura.

Espletate le formalità, finalmente si parte. Il problema di dove riunirsi e di come organizzare le sedute era stato affrontato con un'attenzione fortissima al contenimento dei costi. Per quanto riguarda la *location*, su idea di Raffaele Perna avevamo chiesto in prestito a Graziano Delrio, allora ministro degli Affari Regionali, la sala della Conferenza Stato-Regioni. Le riunioni vengono fissate ogni lunedì, dalla mattina alla sera, per evitare i pernottamenti e ridurre i costi vivi alle sole spese di viaggio di chi viene da fuori. Per il pranzo, risolviamo con un buffet in piedi in una sala attigua a quella che ospita i lavori.

Anche nel metodo cerchiamo di darci un sistema "svizzero". Le sedute-fiume vengono organizzate per aree tematiche, in maniera tale da arrivare a coprire tutti i capitoli della riforma. Ogni incontro è preceduto dalla diffusione di un dossier per inquadrare i temi all'ordine del giorno e focalizzare i punti maggiormente problematici. In ossequio a un principio di massima trasparenza tutto il materiale è pubblico, tutte le sedute sono registrate, tanto gli audio quanto le trascrizioni vengono in breve tempo riversati sul sito del ministero, disponibili per la consultazione da parte di chiunque.

Il clima è costruttivo. Di fronte ai nodi più controversi, si parte dagli elementi su cui c'è accordo per dirimere via via le questioni spinose. Pian piano la diffidenza reciproca si scioglie. Dopo tanti anni, il muro dell'incomunicabilità fra le scuole costituzionalistiche cade. Considerando quanto quella guerra strisciante avesse frenato ogni tentativo di riforma nel nostro Paese, lo reputo già un grande risultato e, tutto sommato, un buon auspicio.

Con la buona volontà di tutti, riusciamo a mantenere quei lunghi lunedì di reclusione al riparo dalle temperie esterne sempre più agitate. Ciò richiede un notevole sforzo di autocontrollo per gestire situazioni al limite del surreale: ricordo ancora quando il 24 giugno la notizia della sentenza di primo grado del processo Ruby piombò nel pieno dei nostri lavori. Nel consueto briefing finale con i giornalisti, che si consumava sotto lo sguardo vigile dei professori, per non scatenare una corrida dovetti, non senza imbarazzo, continuare a parlare di riforma del Titolo V come se niente fosse.

Contro ogni previsione l'"operazione anestesia" riesce. E anche quando, per ragioni legate a vicende politiche esterne, prima Lorenza Carlassare e poi Nadia Urbinati rassegnano le proprie dimissioni, entrambe tengono a sottolineare che la loro scelta non ha nulla a che fare con i lavori della commissione e con il clima proficuo che li ha contraddistinti.

Dopo l'estate arriva il momento di tirare le somme e definire la relazione conclusiva che il governo avrebbe consegnato al Parlamento sovrano come contributo tecnico in vista della discussione sulle riforme. Nel frattempo sia il Senato che la Camera hanno già approvato in prima lettura il ddl costituzionale sulla procedura speciale.

Alla ripresa il lavoro dei "saggi" si presenta a buon punto, il mese di agosto è stato utilizzato per scambiarsi annotazioni e materiali attraverso la mailing list e dunque resta solo da chiudere il testo della relazione sui sei capitoli che erano stati oggetto delle sessioni settimanali: bicameralismo, procedimento legislativo, Titolo V, forma di governo, sistema elettorale e istituti di partecipazione popolare.

Ci rendiamo conto che per fare presto e bene la soluzione migliore è una *full immersion* di due-tre giorni. E ancora una volta, come spesso mi è capitato nel corso della mia non lunga ma fin qui intensa esperienza politica, mi scontro con la distanza tra ciò che è e ciò che appare. Conti alla mano, con i bravi funzionari della Presidenza del Consiglio assegnati al ministero delle Riforme ci rendiamo conto che tenere a Roma la lunga sessione conclusiva sarebbe stato costoso in termini di spese vive e dispersivo sul fronte dell'organizzazione del lavoro. Vengono allora individuate cinque strutture ricettive fuori dalla Capitale, specializzate nella fornitura di servizi congressuali e dotate dei necessari requisiti tecnici, fra le quali operare una selezione con regolare procedura e finalità di massimo risparmio. L'offerta più conveniente arriva da un centro congressi di Francavilla al Mare, in Abruzzo. Rispetto a qualsiasi soluzione romana i costi sono nettamente inferiori. Da irriducibile sostanzialista quale sono, non ho dubbi.

Quando comunico la decisione a Letta e Franceschini, essi si rivelano molto più perplessi di me. Non contestano la bontà delle ragioni della scelta, ma pongono un problema di comunicazione: spostarsi in gruppo dà nell'occhio, per giunta Francavilla è una località di mare, e il rischio che qualcuno che non ci vuole bene monti una bufera mediatica sul nulla, oscurando il lavoro della commissione, è piuttosto elevato. Capisco la loro preoccupazione ma mi intestardisco, convinto che se fin da subito avessimo motivato pubblicamente la scelta con esigenze di risparmio nessuno avrebbe potuto obiettare alcunché, e se anche qualcuno lo avesse fatto non sarebbe stato difficile replicare.

Prima che qualsiasi comunicazione istituzionale esterna venga avviata, a innescare la polemica, con una mia certa sorpresa, è un componente della commissione, il costituzionalista Francesco Clementi (unico nome indicato da Matteo Renzi). Non lo fa pubblicamente ma sulla mailing list interna. Il presunto "scandalo" dei saggi a Francavilla finisce però su «Repubblica», e da lì la strada è in salita. Quando gli spiego i termini della questione, il professor Clementi comprende e si dispiace di non avermi chiesto personalmente chiarimenti prima di sollevare il tema.

L'incidente per me è chiuso. Mi preparo a ribattere colpo su colpo tanto ai giornalisti che telefonano al ministero quanto ai cronisti appostati fuori dall'hotel, molto più interessati al costo della nostra trasferta che alle proposte che la commissione avrebbe avanzato per superare il bicameralismo paritario e razionalizzare la forma di governo. Tengo botta, e nel giro di qualche giorno la questione finisce lì. L'infondatezza della polemica diventa chiara per tutti tranne che per Renzi, il quale di lì a qualche mese, nel pieno della sfida per la conquista della segreteria del partito, avrebbe così esposto su «Repubblica» il suo programma di revisione costituzionale: «Si mandino in pensione i saggi che vanno in ritiro a Francavilla», perché per fare le riforme non servono loro ma «le centinaia di migliaia di persone che voteranno nei gazebo» delle primarie del Pd.

Il 17 settembre, al ritorno dalla tre giorni abruzzese, insieme a Luciano Violante consegno al Presidente del Consiglio la relazione finale approvata all'unanimità dalla commissione, con un mese di anticipo rispetto alla data stabilita, 110 ore complessive di seduta e un risparmio pari a due terzi del budget di funzionamento assegnato. Il giorno successivo la relazione viene trasmessa al Parlamento. Venti giorni dopo si conclude anche la consultazione pubblica online che avevamo promosso sul tema delle riforme, coinvolgendo i cittadini attraverso una piattaforma web con questionari di vario livello scientificamente certificati e accompagnati da materiale di approfondimento. Con 203.061 questionari validamente compilati, si rivela la consultazione online più partecipata in Italia e in Europa.

Tre anni dopo, durante la campagna per il referendum costituzionale che mi ha visto convintamente schierato per il No, la relazione dei "saggi" del governo Letta mi sarebbe stata rinfacciata come prova di presunta incoerenza. Con una disinvoltura ai limiti della sfrontatezza, dopo aver fatto dei "professoroni" il bersaglio di un continuo sfottò e del loro pensionamento un caposaldo programmatico, la propaganda renziana avrebbe cambiato canovaccio per passare a dire che i contenuti della riforma erano già tutti scritti e che il governo Renzi si sarebbe limitato a tradurli in pratica.

Credo di essere fra quanti hanno qualche titolo per confutare questo assunto. Certo, se ci si ferma all'intestazione dei capitoli della relazione della Commissione di esperti del governo Letta e alle direttrici di fondo su cui la ricognizione si era sviluppata, si potrebbe sostenere che una continuità esista. Ma qui finiscono le analogie. Una così ampia revisione della Costituzione, infatti, è qualcosa di più dello svolgimento di un titolo. È metodo, contesto, coesione nazionale. È visione organica. È cura del dettaglio, perché basta una norma scritta male e l'ingranaggio si inceppa.

Nel merito, in estrema sintesi la relazione dei "saggi" – volutamente elaborata in termini discorsivi e non sotto forma di articolato di legge, per non dare nemmeno la lontana sensazione di voler interferire con le prerogative del Parlamento – proponeva un bicameralismo differenziato (fatto salvo qualche consenso anche per l'opzione monocamerale), con riduzione del numero dei parlamentari, attribuzione alla sola Camera del rapporto di fiducia con il governo e trasformazione del Senato in organo di rappresentanza delle autonomie regionali e territoriali. Come la riforma Renzi-Boschi-Alfano? No, e la differenza è sostanziale. Quello immaginato dagli esperti è infatti un "vero" Senato delle Regioni, con prerogative, composizione e attribuzioni chiare e conseguenti. E l'iter di formazione delle leggi suggerito alla luce del superamento del bicameralismo paritario è un meccanismo che funziona, razionalizza e semplifica.

Lo stesso dicasi per la revisione del Titolo V. Stante il condiviso e impietoso giudizio sulla riforma imposta nel 2001 dal centrosinistra, causa di incertezza del diritto, di conflittualità permanente e di un contenzioso costituzionale ipertrofico, la Commissione si è confrontata su due modelli: uno fondato sul superamento della competenza legislativa concorrente tra Stato e Regioni, un altro sul suo mantenimento in un limitato spettro di ambiti. In entrambi i casi si trattava di ridurre sensibilmente le sovrapposizioni e di incentivare la collaborazione tra articolazioni dello Stato, contemperando le esigenze di autonomia dei territori con la salvaguardia dell'unità della nazione. Anche in questo caso la riforma renziana ha seguito il medesimo schema generale, salvo poi sostituire la clausola di supremazia con una clausola di ambiguità e di fatto spogliare le Regioni ordinarie della potestà legislativa, conservando allo stesso tempo livelli di autonomia assoluta alle Regioni a statuto speciale, per paura di perdere in Senato i voti dei parlamentari eletti in quelle zone. Il tutto in combinato disposto con un presunto Senato delle Regioni che alla fine con un vero Senato delle Regioni aveva ben poco a che fare.

Soprattutto, il disegno di riforma complessivo che orientava la relazione dei "saggi", e prima ancora traspariva dalle mozioni parlamentari d'indirizzo approvate nel maggio 2013, era fondato sulla revisione della forma di governo di cui invece la riforma renziana non recava traccia. Di questa assenza l'ex sindaco di Firenze aveva fatto un titolo di merito, quasi fosse una certificazione di democraticità utilizzata per respingere al mittente l'accusa di voler realizzare, tramite la riforma delle istituzioni, un disegno di potere personale.

La verità è che l'architettura istituzionale di un Paese è come il corpo umano: è fatta di equilibri, di pesi, di contrappesi. Non si può intervenire su un organo senza chiedersi quale effetto questo intervento produca sul funzionamento generale del sistema. La forma di Stato deve armonizzarsi con le attribuzioni delle Camere e con il procedimento legislativo, la struttura del Parlamento deve essere coerente con la forma di governo, quest'ultima deve orientare la legge elettorale.

In questa chiave, la Commissione si era confrontata su due opzioni: la razionalizzazione della forma di governo parlamentare e l'introduzione di un sistema semipresidenziale alla francese, per la prima volta riconosciuti come modelli di pari dignità e analogo livello di consenso da parte della comunità accademica. Infine, i "saggi" avevano individuato un modello per certi versi ibrido, in grado di farsi carico delle esigenze e delle istanze sottese alle due posizioni contrapposte. La sintesi possibile risiedeva in un "governo parlamentare del primo ministro" che, coniugando regole elettorali e meccanismi costituzionali di stabilizzazione dell'esecutivo, facesse derivare dal verdetto popolare non solo una chiara maggioranza ma anche l'indicazione del Presidente del Consiglio. Di fatto si trattava di una variante del modello semipresidenziale, con la differenza di mantenere un ruolo di garanzia in capo alla presidenza della Repubblica.

È in tale contesto, e dunque nell'ipotesi di una revisione della forma di governo verso l'elezione diretta del vertice dell'esecutivo, che la Commissione aveva suggerito l'introduzione di una legge elettorale a doppio turno, con ballottaggio tra i primi due partiti o le prime due coalizioni che non avessero raggiunto in prima battuta una determinata soglia di consenso. Il dettaglio non è di poco conto: qualche anno dopo, infatti, proprio sul punto del ballottaggio la Corte Costituzionale avrebbe stroncato l'Italicum, legge elettorale imposta da Matteo Renzi a colpi di fiducia. I bardi del renzismo obiettarono che quel meccanismo era lo stesso proposto dai "saggi". Peccato che i "saggi" lo avessero suggerito in combinato disposto con l'elezione diretta del Presidente del Consiglio. L'ennesima conferma che fermandosi alla superficie si rischia di dire sonore fesserie.

6.

La lunga estate

Il 9 luglio del 2013, all'apertura delle edicole, ha inizio l'estate più lunga del centrodestra italiano. Il «Corriere della Sera» pubblica in prima pagina una clamorosa novità sul processo Mediaset, che a Milano ha già consumato i primi due gradi di giudizio ed è al vaglio della Cassazione, il cui pronunciamento è atteso per l'autunno. In primo grado e in appello Silvio Berlusconi era stato condannato a quattro anni di reclusione e cinque di interdizione dai pubblici uffici con l'accusa di frode fiscale. Attraverso una serie di complicati calcoli, il quotidiano milanese dà conto di una presunta imminente prescrizione per una delle due annualità fiscali alle quali il processo si riferisce. Secondo il «Corsera», in caso di una conferma della condanna, la parziale prescrizione comporterebbe un nuovo passaggio in Corte d'Appello per rideterminare l'entità della pena, allontanando di almeno un anno la sua esecutività e dunque la perdita dei diritti politici. A meno che…

A meno che la Suprema Corte non corra ai ripari, instradando il fascicolo su una corsia preferenziale. Al pari del deposito delle motivazioni contestuale alla sentenza di condanna di primo grado, al pari dello sprint in appello, sarebbe un altro dei primati ai quali la giustizia ci ha da tempo abituato quando c'è di mezzo il Cavaliere. Nel caso specifico, tuttavia, una trattazione prioritaria comporterebbe una complicazione ulteriore: vista l'incombenza della sospensione estiva delle attività giudiziarie ordinarie, il processo non verrebbe celebrato davanti alla sezione della Cassazione competente per i reati tributari – la terza sezione penale – ma davanti alla sezione feriale composta da magistrati provenienti da diverse aree di specializzazione.

Per come la mette il «Corriere della Sera», comunque, l'ipotesi di un'accelerazione è residuale. Tutto lascia intendere che il fischio finale della partita sia destinato a un sostanzioso rinvio.

Pur fra mille dubbi interpretativi, l'inattesa ricostruzione del quotidiano viene presa dai più come una buona notizia. Una boccata d'ossigeno per Berlusconi e per il centrodestra in procinto di affrontare un caldo autunno giudiziario. In quel momento il processo Mediaset non è infatti la sola arma puntata contro il leader del PdL. Ma a quell'appuntamento si arriva dopo una nuova escalation nel burrascoso rapporto fra politica e giustizia, e ancora brucia la sentenza con cui la Corte Costituzionale ha sorprendentemente respinto il conflitto di attribuzioni sollevato a suo tempo dalla Presidenza del Consiglio contro il tribunale di Milano, che non aveva riconosciuto il legittimo impedimento a partecipare a un'udienza all'allora premier Berlusconi impegnato a presiedere una seduta del Consiglio dei ministri.

Insomma, vi è la sensazione che il verdetto della Cassazione sia destinato a rappresentare in un senso o in un altro il culmine di un conflitto durato vent'anni.

In quel fatidico 9 luglio, tuttavia, i colpi di scena non sono ancora finiti. Alle ore 14 in punto, su una politica affaccendata nelle ordinarie occupazioni irrompe una notizia shock: il repentino anticipo dell'udienza in Cassazione. L'appuntamento per l'ultimo round del processo Mediaset viene fissato di lì a venti giorni o poco più. Precisamente il 30 luglio, ben prima dell'autunno che tutti ci aspettavamo. Quella che sembrava una ipotesi del terzo tipo si materializza improvvisamente come una realtà. Una realtà con le sembianze di un incubo: tanto per l'oggettiva compressione dei tempi di difesa (che porterà il solitamente misurato avvocato Franco Coppi, "arruolato" nella squadra difensiva del presidente Berlusconi, a dirsi "esterrefatto"), quanto per il sinistro presagio che la straordinaria sincronia tra lo scoop del «Corsera» e il blitz della Suprema Corte porta con sé.

La brusca accelerazione ci lascia tutti di stucco. È evidente che la novità non nasconde niente di buono.

Nello stesso istante in cui esce la notizia, d'impulso alzo il telefono e chiamo il Quirinale. Cosa stia accadendo non è ancora chiaro ma intuisco, quasi istintivamente, che si sta minando il difficile armistizio che dopo vent'anni di guerra civile strisciante avrebbe potuto condurre a una nuova stagione di rispetto e legittimazione reciproca tra avversari. Ancora una volta, più che mai, l'attacco al Cavaliere investe anche la sorte del Paese.

La segreteria del Colle mi informa che Napolitano sta riposando: gli uffici avrebbero preso nota della mia telefonata e appena possibile sarei stato richiamato. Vista l'ora la circostanza è del tutto plausibile, ma il momento è grave e dimentico le buone maniere. Investo con la mia irruenza la gentile signora Viviane Schmit, e di lì a qualche minuto la fidata collaboratrice del Capo dello Stato acconsente a interrompere il breve riposo pomeridiano dell'anziano Presidente.

Napolitano non si scompone per il mio blitz telefonico, e prima che io riesca a proferire parola va dritto all'argomento del giorno. «Mi sembra che le cose si stiano mettendo bene!», esclama il Capo dello Stato lasciandomi a dir poco interdetto. Quando riprende a parlare, capisco che il "bene" è la possibile parziale prescrizione del processo Mediaset e il conseguente allungamento dei tempi, e la sola novità a cui si riferisce è l'articolo del «Corriere della Sera». Resto basito, e la domanda sorge spontanea: «Ma come Presidente, non sa cosa è successo poco fa?».

Non lo sapeva. Napolitano apprende da me in quel momento dell'anticipazione dell'udienza in Cassazione. Quando la notizia è diventata di dominio pubblico si era già ritirato a riposare, e prima che la mia preoccupata furia lo investisse nessuno aveva avuto la possibilità materiale di avvisarlo. Ed evidentemente nessuno, va da sé, lo aveva avvertito di quel che stava per accadere prima che la decisione della Suprema Corte fosse formalizzata.

Con il trascorrere delle ore la vicenda assume contorni via via più nitidi e inquietanti. Ad accelerare il timing della Cassazione sarebbero state alcune segnalazioni giunte al Palazzaccio dagli uffici giudiziari di Milano insieme ai faldoni del processo

Mediaset. Nel trasmettere gli atti agli ermellini, i magistrati milanesi avrebbero messo in guardia dal rischio di prescrizione di una parte delle accuse in un arco temporale stimato tra il primo agosto e la metà di settembre. Di qui la scelta del 30 luglio per la celebrazione del processo, onde evitare di correre anche il minimo rischio.

Di fronte al clamore suscitato, scatta la corsa a derubricare la mossa milanese come un atto di "diligente" ordinaria amministrazione. Ma tale versione minimalista non convince del tutto, né negli ambienti politici, dove si sprecano le amare ironie sull'improvvisa celerità della giustizia in un Paese che detiene la maglia nera per la durata dei procedimenti, né al Consiglio Superiore della Magistratura, dove diversi membri laici sono colti da più di qualche perplessità. Del resto, la sensazione che il caso Mediaset fosse oggetto di notevole zelo avrebbe ricevuto qualche settimana più tardi un'autorevole e inaspettata conferma. In una telefonata con un giornalista del «Mattino» (ce ne occuperemo diffusamente più avanti), il presidente del collegio di Cassazione autore della sentenza definitiva a carico di Silvio Berlusconi, riferendosi alla tempistica record del passaggio in appello, avrebbe così commentato: «Hanno fatto le cose a tambur battente, proprio perché evidentemente c'era la prescrizione…». Chissà se lo stesso può dirsi per i tanti cittadini che aspettano giustizia dai tribunali italiani.

Su mandato del segretario del partito, Angelino Alfano, mi informo su quale sia l'opinione dei laici del Csm dell'area del centrodestra e quali le possibili iniziative istituzionali da intraprendere. Apprendo così che i consiglieri stanno valutando i pro e i contro dell'eventuale richiesta di apertura di una pratica per l'accertamento di fatti oggettivamente controversi. Gli interrogativi ai quali dare risposta sono numerosi, e certamente un'istruttoria nella sede preposta potrebbe essere utile a fare chiarezza. Di converso, tuttavia, una mossa del genere rischierebbe di avvelenare i venti giorni che mancano all'udienza con un'escalation di polemiche dall'esito imprevedibile, senza realistiche speranze di risultati concreti, e metterebbe in serio imbarazzo il primo presidente della Corte di Cassazione, membro di diritto del CSM. Con conseguenze difficili da valutare.

Alla fine, nel computo dei costi e dei benefici sono evidentemente i primi a prevalere, visto che nei giorni a seguire nessuno assumerà iniziative. La scelta di imboccare la strada della prudenza non cancella tuttavia le stranezze di cui la vicenda è costellata. Non solo infatti i calcoli sul rischio prescrizione effettuati a Milano non collimano con il minuzioso computo della difesa, secondo il quale, come fa sapere l'avvocato Ghedini, nulla di quel procedimento avrebbe rischiato di andare in fumo prima della fine di settembre (la stessa Corte d'Appello di Milano in un successivo riconteggio avrebbe spostato al 13 di quel mese l'asticella). Vi è anche da rilevare che, secondo le notizie che via via trapelano, fra l'arrivo dei documenti in Cassazione (primo luglio) e la fissazione dell'udienza (9 luglio) sarebbero passati almeno nove giorni.

Com'è possibile che di fronte a un allarme prescrizione stimato di lì a trenta giorni (agli inizi di agosto) la Suprema Corte ne abbia lasciati trascorrere ben nove prima di dare appuntamento a Berlusconi di fronte ai giudici? Una ipotesi è che quell'intermezzo sia servito al Palazzaccio per smistare i faldoni agli uffici competenti e a questi ultimi per verificare i conteggi effettuati a Milano. Ma è una risposta che appare burocratica e sembra non considerare l'eccezionalità del caso. Una seconda possibilità è che la Cassazione, ricevuti gli incartamenti, abbia ritenuto in un primo momento di non sentirsi vincolata alle controverse segnalazioni ricevute e di fissare la celebrazione del processo Mediaset in base alle proprie autonome valutazioni. È a quel punto che, in assenza di una immediata reattività della Suprema Corte, qualcuno potrebbe aver passato al «Corriere» la notizia sul presunto rischio prescrizione – oggettivamente uno scoop che nessun giornale avrebbe rifiutato –, inducendo gli ermellini a premere sull'acceleratore.

Nessuna conferma ufficiale potrà mai ovviamente convalidare questa ricostruzione. Sta di fatto che tra la pubblicazione della notizia e la fissazione dell'udienza passano solo poche ore, ed è quel giorno che il processo Mediaset, invece di prendere la strada della terza sezione penale della Corte di Cassazione, finisce davanti alla sezione feriale presieduta dal dottor Antonio Esposito.

La doccia fredda riaccende le fibrillazioni, tanto nel PdL quanto nel governo Letta di cui il partito è importante azionista. I parlamentari azzurri, in assemblea permanente sia a Montecitorio che a Palazzo Madama, invocano la sospensione dei lavori delle Camere per poter continuare le riunioni. La richiesta inizialmente avanzata dai capigruppo Renato Brunetta e Renato Schifani è uno stop di tre giorni alla Camera e di un giorno al Senato. Alla fine, dopo un ruvido braccio di ferro con gli alleati di governo, in entrambi i rami del Parlamento viene concessa una pausa di alcune ore per consentire ai gruppi di proseguire le loro adunate. Vi sono molti precedenti in tal senso, ragion per cui la dirigenza del Pd non si oppone. Non è la prima volta e non sarà l'ultima - ammettono i vertici del Nazareno - che i lavori del Parlamento si interrompono per qualche ora per permettere a un gruppo di riunirsi in assemblea.

Caso chiuso? Neanche per idea. Il congresso incombe e i democratici si spaccano fragorosamente. Anticipando una condotta che accompagnerà lo scontro interno fino alla celebrazione delle primarie a fine anno, l'allora minoranza renziana si applica con particolare intensità al bombardamento della "ditta". Nel mirino finiscono i capigruppo Roberto Speranza e Luigi Zanda, il segretario Guglielmo Epifani (investito del compito di traghettare il partito fino al congresso dopo le dimissioni di Pier Luigi Bersani) e, al fondo, lo stesso governo Letta. Tutti rei di aver mostrato "cedevolezza" nei confronti del Cavaliere e del PdL. Anche a fronte di un episodio quasi banale, suffragato da una lunga serie di precedenti e da una consolidata prassi parlamentare, i toni arrivano alle stelle. I renziani accusano la dirigenza di condurre il Pd al "suicidio politico", i vertici chiedono lealtà e chiarezza sul modo di stare insieme, Matteo Orfini definisce "sciacalli" i seguaci dell'allora sindaco di Firenze.

Quella del giovane rampante di Rignano sull'Arno è in realtà una precisa strategia della tensione avviata a un inesorabile crescendo. Dopo qualche giorno, ad esempio, con il governo, la maggioranza e le massime istituzioni dello Stato a fare quadrato intorno all'allora Ministro dell'Interno a seguito dell'esplosione del caso Shalabayeva, ancora una volta Renzi si trova a dare il suo personale contributo in termini di equilibrio e serenità. «Scaricare su servitori dello Stato tutte le responsabilità senza che venga mai fuori un responsabile politico è indegno per la politica. E per l'Italia», scrive nella sua "e-news" (ebbene sì, già esisteva la "e-news" renziana!). «Se Alfano sapeva ha mentito e questo è un piccolo problema, se non sapeva è anche peggio», rincara la dose in tv. Salvo poi stupirsi del malumore dei suoi compagni di partito stufi di assumere posizioni rigorose ma impopolari, per poi vedere il sindaco di Firenze bulleggiare a loro spese a favor di telecamera. Il congresso è ancora lontano, e in molti al Nazareno (e non solo) iniziano a paventare gli effetti destabilizzanti di quel cannoneggiamento quotidiano.

Meno lontano, anzi decisamente vicino per Berlusconi e per il PdL è l'appuntamento con un processo che ha assunto le sembianze di un giudizio universale.

Il 10 luglio, il giorno dopo l'anticipazione dell'udienza Mediaset, è in programma una riunione del plenum del CSM di cui fa parte Giorgio Santacroce, primo presidente della Corte di Cassazione. Santacroce è persona mite, uomo perbene, magistrato moderato. Avevo avuto modo di conoscerlo a una cena organizzata da Donato Bruno (entrambi oggi sono venuti a mancare). È arrivato al vertice della magistratura ordinaria ottenendo a Palazzo dei Marescialli i voti delle correnti togate catalogate come "di centro" e "di destra" e con l'appoggio dei laici del centrodestra, e molti *maîtres à penser* della sinistra gli hanno a lungo rinfacciato questo "peccato originale". Insomma, sulla carta non è persona dalla quale dover temere atteggiamenti pregiudiziali o preconcetta ostilità.

Neanche una settimana prima mi era capitato di incontrarlo. Un'associazione culturale mi aveva invitato a partecipare a un cenacolo in una splendida terrazza romana. Poiché per la stessa data avevo già preso un impegno a L'Aquila, la mia segreteria aveva cortesemente declinato. Finché un allarmatissimo Peppino Valentino, avvocato e a lungo parlamentare prima di An e poi del PdL, segnalò a una mia collaboratrice che in quell'evento avrei dovuto conferire un premio proprio a Santacroce. Non ebbe bisogno di aggiungere altro. Non pensavo che potesse servire a qualcosa, ma in ogni caso un gesto di garbo e attenzione sarebbe stato in un simile frangente altamente consigliabile. Annullai all'istante la trasferta in Abruzzo e la sera del 5 luglio, puntuale come un orologio svizzero (circostanza per me più unica che rara!), mi presentai all'appuntamento organizzato in onore del primo presidente della Corte di Cassazione. Io ero ignaro della brusca accelerazione che di lì a quattro giorni gli eventi avrebbero subìto. Lui probabilmente già conosceva il carteggio provenuto dagli uffici giudiziari di Milano, ma è lecito supporre che non immaginasse che la questione avrebbe presto assunto una dimensione mediatica. Quando ci stringemmo la mano mi disse: «Ci aspettano tempi complicati». Non potevo immaginare quanto.

Torniamo al 10 luglio, nella sede del CSM. Chi quella mattina incontra Santacroce lo trova provato dalla bufera delle ventiquattr'ore precedenti. Fuori dall'ufficialità non si lascia andare a commenti, ma l'impressione che trasmette a chi lo osserva è quella della stanca rassegnazione di chi difficilmente avrebbe potuto determinare altrimenti il corso degli eventi. Soprattutto dopo l'articolo del «Corriere della Sera».

Su richiesta del consigliere laico del Pd Glauco Giostra, durante la seduta l'alto magistrato dà lettura di una nota che la Cassazione aveva diramato quella mattina stessa a difesa del proprio operato. La responsabilità di aver rilevato la possibile parziale prescrizione del reato contestato a Silvio Berlusconi viene attribuita all'ufficio del Palazzaccio preposto all'esame preliminare dei ricorsi; quella di aver fissato di conseguenza la data del processo viene assegnata invece al presidente della sezione feriale. Nessun cenno alle segnalazioni pervenute dagli uffici giudiziari di Milano, che nella discussione restano un ingombrante convitato di pietra.

Ma è a margine della riunione del plenum che Santacroce pronuncia una frase che non passa inosservata. Egli nega che la tempistica della trattazione del processo Mediaset denoti accanimento nei confronti di Berlusconi, afferma che se si fosse lasciato correre vi sarebbero stati attacchi di segno opposto, e alla fine la butta lì: «Nulla vieta» alla sezione feriale di ricalcolare la prescrizione – spiega – e, «nella sua discrezionalità e su istanza della difesa, disporre un rinvio della discussione».

Il tema del rinvio entra così apertamente in scena.

Appare sempre più chiaro che all'allarme milanese sul vicinissimo primo agosto come potenziale termine di prescrizione intermedia sono in pochi a credere. Ed è forte la sensazione che se su quel conteggio così controverso non fossero stati accesi i riflettori, le cose sarebbero forse potute andare diversamente.

Non si tratta di un problema soltanto temporale. Certo, qualche settimana in più per preparare motivi di ricorso aggiuntivi rispetto a quelli già presentati in sede di impugnazione sarebbe certamente utile alla difesa. Ma, come già osservato, la principale conseguenza dell'anticipazione dell'udienza è la sottrazione del processo Mediaset alla sezione naturalmente preposta. Variabile tutt'altro che irrilevante: non solo perché un caso così complesso richiede una elevata specializzazione, ma anche e soprattutto perché la terza sezione penale della Suprema Corte, competente per i reati tributari, aveva già prosciolto Silvio Berlusconi in un procedimento gemello denominato Mediatrade. E invece dei cinque giudici destinati a pronunciarsi sul processo Mediaset solo uno, il relatore Amedeo Franco, proviene da quell'ufficio.

Sulla carta la composizione del collegio chiamato a emettere il verdetto finale non sembra dare adito al sospetto di pregiudizi politici. Nessuna "toga rossa", insomma. Tuttavia, il percorso attraverso il quale il processo è finito davanti alla sezione feriale non lascia presagire niente di buono.

Gli interrogativi riguardano soprattutto la figura del presidente, Antonio Esposito. Il personaggio è indecifrabile. E in molti si chiedono se possano avere qualche ripercussione sul suo atteggiamento, e se sì in quale direzione, alcune vicende che avevano visto suo figlio, all'epoca pubblico ministero a Milano, balzare agli onori della cronaca ed essere oggetto di accertamenti disciplinari. Tutti archiviati dalla procura generale della Cassazione, come si sarebbe saputo nei giorni precedenti la celebrazione del processo a carico di Silvio Berlusconi.

Più rassicurante appare il fatto che il relatore provenga dalla sezione del Palazzaccio che per competenza avrebbe dovuto trattare il caso. Amedeo Franco ha fama di persona schiva e scrupolosa. La sua relazione al processo verrà considerata anche dalla difesa completa e impeccabile. E non casualmente, di lì a qualche mese, il testo delle motivazioni della condanna del Cavaliere recherà l'irrituale firma di tutti e cinque i componenti del collegio. Anche i muri in Cassazione raccontano che il relatore, il solo applicato a una sezione specializzata nella materia, non fosse per nulla d'accordo con il verdetto stabilito a maggioranza. Secondo un'opinione diffusa, quelle cinque firme le avrebbe pretese lui per sancire una comune assunzione di responsabilità.

Nei venti giorni che passano tra la fissazione e la celebrazione dell'udienza vengono vagliate le varie possibilità. Gli avvocati Ghedini e Coppi ne parlano anche pubblicamente. Le opzioni in campo sono diverse. Far incardinare il processo e chiedere in sede di udienza un rinvio che congelerebbe automaticamente i termini di estinzione del reato contestato. Ufficializzare una dichiarazione di rinuncia irrevocabile alla prescrizione (ma, come spiegano i legali del Cavaliere, sulla rinunciabilità di una prescrizione non ancora maturata la giurisprudenza è controversa e tendenzialmente sfavorevole). Chiedere alla Cassazione di rifare i conti spostando più in là la trattazione del processo, qualora i nuovi calcoli diano ragione alla difesa. Sul punto, però, le solite prolifiche "fonti anonime" del Palazzaccio si premurano di far trapelare alla vigilia del "D-day" che la prescrizione di parte delle accuse sarebbe stata confermata come imminente anche da ulteriori riconteggi e che dunque, per ineluttabile conseguenza, nessun rinvio tecnico avrebbe strappato il processo dalla sezione feriale.

Scartati l'uno dopo l'altro i piani alternativi, in vista del 30 luglio ci si prepara alla pugna.

7.

Il giorno del giudizio

Al giorno del giudizio il Popolo della Libertà arriva in apnea. L'angoscia viene esorcizzata attraverso pubblici e pleonastici appelli ai magistrati della Cassazione a evitare che si compia una ulteriore ingiustizia. L'inquietudine cresce, e ad "allietare" l'attesa ci si mette anche il tribunale di Milano che in chiusura del processo "Ruby bis" (quello a carico di Emilio Fede, Lele Mora, Nicole Minetti) trasmette nuovi atti alla Procura, dando il "la" all'inchiesta che prenderà il nome di "Ruby ter".

Il PdL è unanime nel sostegno al Cavaliere ma attraversato da profondi turbamenti. La verità è che dentro la voliera di via dell'Umiltà falchi e colombe si danno botte da orbi. Tutti fanno quadrato intorno al leader sotto attacco, ma ognuno lo difende a modo suo e ha una visione diversa su quale sia la migliore strategia da seguire per il bene di Berlusconi, del centrodestra e dell'Italia nella sciagurata evenienza di un esito infausto.

Sullo sfondo si stagliano inoltre l'inquietudine serpeggiante nel partito per i risultati non lusinghieri delle elezioni amministrative tenutesi nei mesi di maggio e giugno, e soprattutto gli interrogativi sul ritorno a Forza Italia annunciato per il mese di settembre: a parole nessuno ha da obiettare, ma sulla forma-partito da imprimere alla nuova "FI 2.0" vi sono idee diametralmente opposte. È Gianfranco Rotondi a descrivere la situazione con una battuta fulminante, quasi profetica: «Falchi e colombe del PdL sono così contenti di rifare Forza Italia che prevedo ne faranno due».

Insomma, il processo Mediaset in Cassazione non è neppure ancora cominciato e nel partito, nella comune consapevolezza di essere alla vigilia di un passaggio strettissimo, già si litiga su quale debba essere la sorte del governo in caso di condanna.

Berlusconi in ogni occasione pubblica ripete che non saranno le vicende giudiziarie a mettere in discussione l'esecutivo, e ufficializza la linea in un'intervista al «Giornale». Sul punto, tuttavia, le opinioni nel PdL sono a dir poco contrastanti. Sempre che – ed è il diffuso timore al quale il Cavaliere dà voce pochi giorni dopo in uno sfogo pubblicato su «Libero» – non sia il Pd a non reggere i contraccolpi e a decidere di staccare la spina.

Fino a quel momento era stato un reciproco gioco di bastone e carota a consentire ai fratelli coltelli della maggioranza di traghettare le larghe intese (nei fatti strettissime) fra gli scogli politici e i marosi giudiziari, tenendo in piedi l'esecutivo a dispetto delle leggi della fisica. Il centrodestra aveva patito le maggiori difficoltà a causa dell'assedio al leader, ma aveva ottenuto molto in termini di risultati programmatici da poter rivendicare. I Democratici, dal canto loro, cercavano di tenersi in equilibrio tra la doppia pressione della base e dell'intellighenzia, non ancora assuefatte alla collaborazione con il "giaguaro", e uno scontro pre-congressuale sempre più lacerante. Mancavano diversi mesi alle primarie che avrebbero aperto a Renzi la strada prima del Nazareno e poi di Palazzo Chigi, ma già Enrico Letta aveva avuto ripetutamente modo di testare le sue pratiche zen.

Personalmente, per quanto riguardava noi, ritenevo che a rendere pressoché obbligata la scelta di andare avanti fosse l'assenza di un piano B. Nella situazione in cui si trovava il Paese, e soprattutto con una legge elettorale sottoposta al giudizio della Corte Costituzionale, le possibilità di ottenere lo scioglimento delle Camere erano pressoché nulle. Vendicare in sede politica l'ingiustizia subìta in un'aula di tribunale avrebbe significato dunque intestarsi di fronte agli italiani la responsabilità di una crisi dagli esiti imprevedibili e spianare la strada all'unica altra maggioranza possibile, frutto di una saldatura fra il Pd, le forze alla sua sinistra e almeno una parte del Movimento 5 Stelle, che in un simile contesto avrebbe avuto come esclusivo collante la liquidazione della nostra storia, della nostra area politica, del nostro leader.

1-X-2: quando a mezzogiorno di giovedì primo agosto i cinque giudici della sezione feriale della Corte di Cassazione si chiudono alle spalle le porte della camera di consiglio per decidere la sorte di Silvio Berlusconi, hanno tre possibilità. Possono azzerare le sentenze di primo e secondo grado e mettere la parola fine al processo Mediaset, assolvendo il Cavaliere dall'accusa di frode fiscale sulla compravendita dei diritti TV. Possono rendere definitiva la condanna a quattro anni di reclusione (di cui tre coperti dall'indulto del 2006). Infine, possono annullare la sentenza di secondo grado rinviando la pratica alla Corte d'Appello di Milano per un nuovo giudizio.

Due giorni prima la procura generale della Suprema Corte aveva chiesto la conferma della condanna alla pena principale e il solo ricalcolo della pena accessoria all'interdizione dai pubblici uffici, che i giudici di Milano avevano fissato in cinque anni e invece per i reati tributari non può andare oltre i tre. I presagi sono dunque infausti: come era stato fin dall'inizio di quella vicenda giudiziaria, anche nella fase conclusiva l'impressione è quella di assistere alla corsa di un treno lanciato a tutta velocità.

Eppure in quel torrido pomeriggio d'agosto, mentre l'attesa scorre angosciosa e interminabile, di tanto in tanto si affaccia un barlume di speranza. Immancabili come una tassa, strani personaggi iniziano infatti ad aggirarsi accreditandosi come depositari di chissà quali indiscrezioni. In uno di questi fenomeni da baraccone mi imbatto anch'io all'uscita di Montecitorio. Con l'aria di chi la sa lunga, il nostro eroe mi dice che il collegio giudicante, ancora chiuso in camera di consiglio, si starebbe orientando per un annullamento della condanna con rinvio in Corte d'Appello.

Ovviamente, come da copione, i "bene informati" sono in realtà informati malissimo. Ma nei momenti più bui ci si aggrappa a tutto e col passare delle ore il pessimismo nero si tinge di una tenue illusione.

Quando alle 19:40 viene pronunciato il verdetto, il colpo è dunque ancora più duro. La Corte di Cassazione «annulla la sentenza impugnata nei confronti di Berlusconi Silvio...», legge il giudice Esposito. E il cuore di molte persone smette di battere. Poi la doccia fredda: «...limitatamente alla statuizione relativa alla condanna alla pena accessoria per l'interdizione temporanea dai pubblici uffici...».

Non c'è bisogno di ascoltare oltre. Se la condanna inflitta in appello è annullata solo per la pena accessoria, ne consegue che la pena principale è confermata. Definitiva. "Irrevocabile", come recita il dispositivo della sentenza, salvo istanze straordinarie anche in sede europea che gli avvocati del Cavaliere annunciano subito di voler promuovere ma che hanno i loro tempi e quindi, per il momento, non possono essere considerate all'ordine del giorno.

L'Italia si ferma. Noi siamo annichiliti. Per quanto ci si possa preparare all'eventualità di un accadimento, l'impatto con la realtà è un'altra cosa. Per la prima volta dalla sua discesa in campo, l'attacco giudiziario contro Silvio Berlusconi viene portato fino alle sue estreme conseguenze.

Per una beffa del destino, dopo un ventennio di feroce lotta politica trasferita nelle aule di giustizia e di conflitto giudiziario rimbalzato nei palazzi della politica, il trauma di una pesante condanna definitiva a carico del leader del PdL piomba sulla destra e sulla sinistra mentre sono al governo insieme. Il che complica maledettamente le cose. Non solo perché la sentenza è destinata a riaprire il dibattito sulla sorte dell'esecutivo, ma anche, più umanamente, perché la coabitazione priva il PdL di quella trincea di quotidiana conflittualità nella quale sfogare e in qualche modo esorcizzare la rabbia.

Sono tempi duri. Da una parte e dall'altra si cammina sulle uova.

Dopo la sentenza, con un moto spontaneo confluiamo tutti verso Palazzo Grazioli. La commozione è tanta, nessuno di noi trova le parole da pronunciare ma Silvio Berlusconi sì, e in serata le affida a un lungo e accorato videomessaggio indirizzato agli italiani. «È così che l'Italia riconosce i sacrifici e l'impegno dei suoi cittadini migliori?», chiede e si chiede. «È questa l'Italia che amiamo? È questa l'Italia che vogliamo?».

Nei nove minuti di registrazione il Cavaliere non ci va morbido sulla giustizia né sulla politica, ma tiene il governo al riparo da ogni invettiva. Sa che il tema è incandescente, all'esterno e anche all'interno del partito.

L'indomani è convocata una riunione dei gruppi parlamentari del Popolo della Libertà, e in quel mix di umanità appare plasticamente vero ciò che Lev Tolstoj aveva scritto a proposito delle famiglie nel memorabile *incipit* di *Anna Karenina*. Vale per ciascuno di noi: tutte le persone felici si assomigliano tra loro, ogni persona infelice è infelice a modo suo.

Per la prima volta vedo Angelino piangere. Quando poi dalla mozione degli affetti si passa alla politica, come segretario e capo delegazione Alfano mette sul tavolo il mandato ministeriale dei rappresentanti del PdL. Berlusconi è incisivo nei toni ma prudente nella sostanza: non gli sfuggono, e non ne fa mistero, i pericoli che deriverebbero da una crisi precipitosa. All'esterno tuttavia le indiscrezioni si sovrappongono, finché la situazione sfugge di mano e dalla riunione filtra la notizia secondo la quale tutti i parlamentari avrebbero rassegnato le dimissioni nelle mani dei capigruppo. In realtà non è vero, ma tanto basta a far scattare l'allarme rosso a tutti i livelli politici e istituzionali.

Al termine dell'assemblea ci trasferiamo negli uffici di Renato Brunetta alla Camera, dove poco dopo ci raggiunge Berlusconi. Al suo arrivo si imbatte nei nostri collaboratori assiepati nell'anticamera, imbarazzati per l'insolita circostanza, combattuti tra la voglia di trasmettere al Cavaliere la propria solidarietà e il timore di risultare inopportuni. Alla fine è lui a rompere il ghiaccio. Stringe le mani che gli si fanno incontro e ci scherza su: «Mi raccomando, portatemi le arance».

All'esito del conciliabolo vengo ufficialmente investito del ruolo di pompiere, per sedare l'incendio che le voci incontrollate diffuse nel pomeriggio avevano fatto divampare. «Berlusconi ci ha detto: prima di tutto vengono gli interessi del Paese, nessuna scelta affrettata», è la dichiarazione che rilascio su mandato del Cavaliere e dei compagni di partito riuniti con lui.

La cautela, insomma, è massima. Ma in quelle ore l'atteggiamento del Pd è a dir poco urticante, e questo di certo non aiuta. Anzi.

L'unica conclusione certa di quel pomeriggio concitato è il mandato ai capigruppo, Renato Brunetta e Renato Schifani, a recarsi dal presidente Napolitano per perorare la causa della "agibilità politica" di Berlusconi. Alla partita giudiziaria e alla partita politica, come vedremo, se ne aggiungeranno una terza e una quarta, in qualche modo a metà strada fra le prime due: quella di un possibile provvedimento di clemenza per mano del Capo dello Stato e quella della controversa e ormai famigerata "legge Severino".

Dopo l'abbraccio semi-privato dei gruppi parlamentari, per il Cavaliere arriva il giorno della pubblica solidarietà. Per il 4 agosto alle ore 18:00 viene convocata una manifestazione davanti a Palazzo Grazioli. L'appuntamento è cruciale per almeno due ragioni: perché da Berlusconi ci si aspetta un segnale chiaro sulla gestione di questa delicata fase e perché – come io e altri avremmo appurato a nostre spese – il registro delle presenze e soprattutto delle assenze avrebbe fatto rialzare fino all'ebollizione la temperatura interna al Popolo della Libertà.

Nessuno di noi ministri si fa vedere in via del Plebiscito. Ma non certo per pavidità, per quieto vivere o per acquiescenza nei confronti degli avversari politici in quel momento scomodi alleati di governo. Il fatto è che alle 14:36 di quel pomeriggio (mi appuntai l'orario per essere pronto a opporre una documentata difesa ai prevedibili attacchi interni) Gianni Letta mi aveva telefonato e mi aveva passato il presidente Berlusconi, il quale mi pregava di evitare per prudenza istituzionale la presenza in piazza e mi invitava cortesemente a cena alle ore 21:00. La stessa raccomandazione e il medesimo invito, ovviamente, erano stati rivolti ai miei colleghi della delegazione di governo.

Al raduno tutto fila liscio. Né i contenuti della manifestazione, umanamente carica ma senza strappi politici, né l'adamantina verità sulla ragione della nostra assenza bastano tuttavia a evitare la riapertura delle ostilità interne. Non è la prima volta in quelle settimane difficili che la tensione raggiunge il livello di guardia, ma in questa circostanza la narrazione si discosta così tanto dalla verità che ne rimaniamo parecchio turbati. L'impressione è che quella polemica sia così manifestamente infondata da nascondere altro.

Il giorno successivo è Nunzia De Girolamo, considerata tra noi cinque la più ortodossa del berlusconismo, a mettere in guardia sul «Corriere della Sera» dal rischio che le disavventure del Presidente possano essere utilizzate – non senza una buona dose di cinismo – per manovre politiche di altra natura. Ventiquattr'ore dopo tocca a me. Sullo stesso quotidiano dico apertamente quello che penso: che quel 4 agosto era pronta un'operazione per far cadere il governo Letta, e che solo la conduzione impeccabile della manifestazione e l'altrettanto impeccabile discorso di Berlusconi avevano impedito che il piano andasse a buon fine.

Quali forze spingessero per quell'esito sarebbe apparso più chiaro diversi mesi dopo.

In quel periodo ciò che a molti di noi sembrava di vivere era un confronto anche aspro ma trasparente tra le differenti opinioni di ciascuno. Le larghe intese non erano state ricercate da nessuno prima del voto: le aveva caldeggiate Berlusconi dopo un imprevedibile pareggio elettorale in una congiuntura nella quale tornare alle urne sarebbe stato praticamente impossibile (prima il semestre bianco, poi l'impugnazione della legge elettorale davanti alla Corte Costituzionale) e potevano rappresentare l'occasione per riformare un sistema istituzionale paurosamente incartato. Di fronte all'offensiva giudiziaria e alla scarsa maturità dimostrata dal Pd vi era chi riteneva (io fra questi) che si dovesse fare quadrato attorno al leader e allo stesso tempo tenere duro, perché le poche alternative realisticamente possibili sarebbero state di gran lunga peggiori, e chi – altrettanto legittimamente – pensava che l'azione di testimonianza dovesse essere comunque portata avanti fino alle estreme conseguenze.

Solo col tempo avremmo capito che sotto traccia si faceva strada una terza via. Che dietro le quinte di questo confronto si agitavano forze con epicentro a Firenze che cercavano di indirizzare il PdL e il suo leader verso una posizione di irrimediabile conflittualità nei confronti di Enrico Letta e del suo esecutivo, per motivi diversi da quelli che genuinamente animavano i fautori della crisi ad ogni costo. A posteriori si può affermare con chiarezza che Denis Verdini, all'epoca ingenuamente annoverato come "falco tra i falchi", in realtà auspicava che il percorso di pacificazione andasse avanti ma – per ragioni politiche, di vicinanza personale e di contiguità territoriale – voleva che a guidarlo anziché Letta fosse Matteo Renzi. In questa sua legittima aspirazione, a conti fatti Denis ha contribuito a condurre fino a un punto di non ritorno lo scontro con un governo di unità nazionale di cui il PdL era azionista di peso e con pari dignità, favorendo anche la diaspora del centrodestra, per poi caldeggiare fino alla sottomissione l'accordo con un esecutivo egemonizzato dal premier, segretario del Pd e personaggio affetto da un'attitudine compulsiva e seriale a tradire i patti. Probabilmente Renzi gli aveva detto di stare sereno, e lo sventurato rispose. Ma questa è un'altra storia, ci arriveremo a tempo debito.

8.

Facimm'ammuina

Prima che la rovente estate del 2013 si infiammi con il confronto sulla legge Severino, alla brutta storia del caso Mediaset si aggiunge una coda avvelenata. Ancora una volta il fulmine scocca in edicola. Il 6 agosto infatti, solo cinque giorni dopo il verdetto della Cassazione, con le motivazioni della sentenza ben lungi dall'essere depositate, «Il Mattino» pubblica una clamorosa intervista ad Antonio Esposito, presidente del collegio feriale che aveva reso definitiva e irrevocabile la condanna di Silvio Berlusconi.

«Condannato perché sapeva», apre in prima pagina lo storico quotidiano di Napoli. «Berlusconi condannato perché sapeva, non perché non poteva non sapere», è il titolo interno dell'intervista-scoop che il giornalista Antonio Manzo ottiene dal giudice con il quale vanta una conoscenza ultratrentennale e si dà confidenzialmente del tu. Il colloquio spazia dal funzionamento della sezione feriale della Suprema Corte alle forti turbolenze che hanno accompagnato la fase conclusiva del processo. Ma è verso la fine dell'intervista che tutti strabuzziamo gli occhi.

Domanda: «Lasciamo in un angolo le polemiche (nei passaggi precedenti intervistato e intervistatore si erano diffusamente soffermati sul processo Mediaset e sulle polemiche che avevano accompagnato la sentenza, *NdA*). Può esistere, chiamiamolo così, un principio giuridico secondo il quale si può essere condannati in base al presupposto che l'imputato "non poteva non sapere"?».

Risposta: «Assolutamente no, perché la condanna o l'assoluzione di un imputato avviene strettamente sulla valutazione del fatto-reato, oltre che dall'esame della posizione che l'imputato occupa al momento della commissione del reato o al contributo che offre a determinare il reato. Non poteva non sapere? Potrebbe essere una argomentazione logica, ma non può mai diventare principio alla base di una sentenza».

Domanda: «Non è questo il motivo per cui si è giunti alla condanna? E qual è allora?».

Risposta: «Noi potremmo dire: tu venivi portato a conoscenza di quel che succedeva. Non è che tu non potevi non sapere perché eri il capo. Teoricamente, il capo potrebbe non sapere. No, tu venivi portato a conoscenza di quello che succedeva. Tu non potevi non sapere, perché Tizio, Caio o Sempronio hanno detto che te lo hanno riferito. È un po' diverso dal non poteva non sapere».

L'intervista di Esposito provoca più o meno lo stesso effetto di una bomba a fissione nucleare incontrollata. Innanzi tutto per ragioni di elementare buon senso: nessuno, a cominciare dai colleghi del giudice, si capacita di come possa essere passato per la testa a un presidente di sezione della Cassazione, reduce da una sentenza potenzialmente in grado di sconvolgere gli equilibri politici e istituzionali di un intero Paese, di mettersi a rilasciare interviste a caldo, a prescindere dal contenuto. In secondo luogo per ragioni di opportunità: il collegio non ha infatti ancora concluso il suo lavoro perché dopo il verdetto restano da scrivere le motivazioni, atto certamente non privo di rilievo, la cui stesura peraltro è affidata non al presidente ma al relatore. Infine, oltre a un problema di metodo, la difesa di Silvio Berlusconi pone anche una questione di merito contestando una discrepanza tra le risultanze del processo Mediaset e le dichiarazioni attribuite dal «Mattino» al magistrato.

Il giorno in cui le sue esternazioni campeggiano in edicola, Esposito ingaggia di buonora con il quotidiano diretto da Alessandro Barbano una guerra di smentite e contro-smentite destinata a finire a carte bollate.

Il giudice nega di aver rilasciato dichiarazioni sul merito della sentenza Mediaset e soprattutto di averne anticipato le motivazioni. Obietta di aver dato il suo assenso alla pubblicazione di un testo, sottopostogli via fax, diverso da quello finito in pagina. Accusa il «Mattino» di manipolazione. Smentisce di aver mai pronunciato le frasi "esplosive". Poi, quando il quotidiano gli oppone a mezzo internet l'evidenza di uno stralcio della registrazione della telefonata (in marcato slang partenopeo), sostiene che il suo era un ragionamento giuridico di carattere generale e astratto, che solo una domanda inserita successivamente da Manzo, ma in realtà mai rivolta all'intervistato né presente nella bozza sottoposta alla sua revisione, avrebbe indebitamente collegato al caso Berlusconi.

La *querelle* va avanti per giorni e ben presto, prima di approdare nelle aule di un tribunale chiamato a dirimere il contenzioso, diventa un *affaire* istituzionale di primaria grandezza.

I consiglieri laici del Csm Filiberto Palumbo, Bartolomeo Romano e Nicolò Zanon chiedono all'organo di autogoverno della magistratura l'apertura di una pratica. E anche i titolari dell'azione disciplinare non restano a guardare: il ministro della Giustizia, Anna Maria Cancellieri, investe della questione gli ispettori di via Arenula; la procura generale della Cassazione avvia un'istruttoria. Il primo passo è l'acquisizione della registrazione integrale del colloquio tra il giudice e il giornalista, che i carabinieri di stanza al Palazzaccio, incaricati della trascrizione (e della traduzione dal napoletano all'italiano, come segnalato dagli stessi militari), stabiliranno essere durato 34 minuti e 55,5 secondi.

In autunno la procura generale formula a carico di Antonio Esposito un capo di incolpazione, a marzo dell'anno successivo arriva il rinvio a giudizio disciplinare. Ma poiché anche le più serie fra le vicende umane presentano una loro intrinseca ironia, per la legge del contrappasso il giudice del processo Mediaset darà l'impressione di fare di tutto per mettere in pratica i *cliché* che erano stati i cavalli di battaglia di vent'anni di propaganda anti-berlusconiana. Tra certificati medici e altri impedimenti Esposito fa saltare sei udienze fino a beccarsi un accertamento medico-legale (poi revocato perché superato dagli eventi), vede avvicendarsi tre diversi difensori, chiede (invano) la ricusazione di due componenti su sei della sezione disciplinare del Csm, racconta nero su bianco che il presidente della Cassazione gli avrebbe riferito di un clima ostile nei suoi confronti.

L'obiettivo che secondo molti osservatori sembra perseguire è quello di essere giudicato non dal consiglio in carica ma da quello successivo. In ogni caso così avviene: tra gli strali di Michele Vietti (vicepresidente uscente) e le saette del sostituto procuratore generale Carlo Destro che arriva ad accusarlo di «evidente abuso del diritto» per aver cercato di difendersi «non nel processo ma dal processo», Esposito guadagna tempo e arriva a varcare il portone di Palazzo dei Marescialli solo a ottobre del 2014. Di fronte a un collegio interamente rinnovato pronuncia un'accorata autodifesa, tanto a proposito dell'intervista incriminata quanto in merito alla sua condotta durante il lungo cammino del giudizio disciplinare. Ignazio Juanito Patrone a nome della procura generale della Cassazione chiede che al giudice incolpato di aver violato il riserbo venga inflitta la sanzione della censura. Richiesta respinta: il 15 dicembre 2014 – un anno, quattro mesi e quindici giorni dopo la sentenza Mediaset – la sezione disciplinare del Csm decide per l'assoluzione. Ma il caso è tutt'altro che chiuso.

Meno bene va per Antonio Esposito al tribunale civile di Napoli, al quale il magistrato si rivolge per ottenere dal «Mattino», dal direttore e dal giornalista due milioni di euro di risarcimento contestando il contenuto "falso e diffamatorio" dell'articolo finito in edicola.

Le doglianze vengono respinte al mittente. Il tribunale riconosce la gestazione controversa dell'intervista, per via della domanda sul processo Mediaset aggiunta "a freddo" e non presente nella bozza di cui Esposito esibisce il fax come prova. La sentenza specifica tuttavia che se il tema può eventualmente rilevare in sede deontologica o rispetto all'utilizzo dei dati personali (non contestato però nell'atto di citazione), nulla vale in una causa intentata per falso e diffamazione, dal momento che rispetto al reale contenuto della conversazione telefonica tra magistrato e giornalista il testo dell'intervista non è né diffamatorio né tantomeno falso.

Altro che "colloquio generale e astratto", come sostenuto nell'atto di citazione: «L'intervista ruotava tutta attorno a questo processo», si legge nella sentenza datata 15 gennaio 2017. La prova è nella trascrizione del supporto audio fornito dal quotidiano. Del caso del giorno – ricostruisce il tribunale – si parla diffusamente, al punto tale che quando Manzo pone domande sulla pubblicità dell'udienza o sulla durata della camera di consiglio, non ha bisogno di menzionare il processo Mediaset perché Esposito sa già a quale contesto il colloquio si riferisca. Allo stesso modo, quando il giornalista chiede notizie sul numero di ricorsi esaminati dal collegio, senza esplicitare il processo di cui sta parlando, la risposta è automatica: «Quarantasei per Berlusconi».

Il tribunale riconosce a Esposito di aver opposto resistenza a diversi tentativi di farlo parlare delle motivazioni della sentenza contro il Cavaliere. Ma al dunque – osserva la sentenza – il giudice «non riesce a trattenersi» e «in pochi secondi» pronuncia le frasi chiave che, per l'oggetto predominante dell'intervista, per i temi menzionati nelle domande («gonfiature di fatture») e i termini utilizzati nelle risposte («noi non andremo a dire», «diremo nella motivazione eventualmente»), «non possono che rivolgersi ai giudici che devono scrivere la motivazione del caso Mediaset». Ragion per cui il titolo dato dal «Mattino» alla sua intervista «costituisce un'efficace sintesi giornalistica del suo pensiero» (di seguito riportato come risulta dalla trascrizione della telefonata inserita nella sentenza) e «lo stesso a dirsi per il contenuto dell'articolo».

Manzo: «(...) Senti una cosa, in Italia è passato negli ultimi venti anni, diciamo, un principio, il principio un po' così che viene contestato, viene accettato, quello del "non poteva non sapere", o meglio uno non si può non avvedere che diciamo, magari, c'erano gonfiature di fatture, questa roba qui. Il principio del non poteva non sapere è giuridicamente sostenibile?».

Esposito: «Ma no!».

Manzo: «Assolutamente no».

Esposito: «No, assolutamente no, insomma che significa non poteva non sapere, poteva anche. Cioè bisogna vedere la valutazione di fatto ma poi dipende se tu sai. Bisogna vedere che posizione occupi per poter, perché questo tuo non potevi non sapere ti ha portato ad una certa, ad un certo contributo per... insomma che causava l'evento. Non lo so questa è una stupidaggine però, perché in realtà è stato detto, ma così si dice che spesso volte per inciso, dice va bene quello non poteva non sapere perché, non so, tu sei titolare come fai. Cioè, ma è un'argomentazione logica».

Manzo: «Hm».

Esposito: «Cioè non è un principio di diritto, non poteva non sapere, può significare niente e può significare qualcosa, insomma. Ma io, non, non mi portare su questo terreno».

Manzo: «Ho capito, ho capito bene, cioè ho capito benissimo».

Esposito: «Noi non andremo a dire quello non poteva non sapere, no tu, noi possiamo, potremo dire, diremo nella motivazione eventualmente... tu eri, tu venivi portato a conoscenza di quello succedeva. Non è che tu potevi non sapere perché eri il capo, perché pur il capo potrebbe non sapere, o no?».

Manzo: «È certo».

Esposito: «Cioè, è sempre una valutazione in fatto. Tu, tu non potevi non sapere (il secondo "non" compare nella trascrizione della telefonata effettuata dalla Procura generale presso la Corte di Cassazione e, probabilmente per un refuso, non in quella menzionata nella sentenza, *NdA*) perché Tizio, Caio e Sempronio hanno detto che te lo hanno riferito, insomma, e allora è un poco diverso questo fatto».

Manzo: «È certo».

Esposito: «È, quindi, perciò, ma comunque questa noi al limite poi questo in sentenza noi lo diremo, insomma».

Al momento di mandare in stampa questo libro, si sa che il dottor Antonio Esposito ha impugnato in appello la sentenza emessa dal Tribunale di Napoli. Come andrà a finire la contesa giudiziaria lo scopriremo solo vivendo. Per il resto, credo ce ne sia abbastanza per formarsi un'opinione. La mia mi pare evidente.

9.

Cartellino rosso

Ciò che avviene dopo una sentenza è un fatto banale solo nei *legal thriller* o nei film polizieschi. Nella realtà è qualcosa di molto più complicato. Nel caso in specie – anche al netto dei ricorsi presentati da Silvio Berlusconi in Europa – complicatissimo.

Per quanto riguarda la pena principale inflitta al leader azzurro, per tre quarti è estinta dall'indulto del 2006 e l'anno che residua verrà scontato ai servizi sociali. La scelta cade sulla "Sacra Famiglia" di Cesano Boscone, un centro di assistenza per disabili e anziani non autosufficienti, dove il Cavaliere troverà una calda accoglienza e riuscirà a trasformare le visite obbligate in un'occasione di umana solidarietà che si sarebbe poi protratta nel tempo.

L'appuntamento con l'interdizione dai pubblici uffici è invece rinviato. L'errore dei giudici di primo e secondo grado, stanato dalla Cassazione, comporta la necessità di un nuovo passaggio in appello per determinare una pena interdittiva che non superi il tetto dei tre anni stabilito dalla legge sulle frodi fiscali, e una ulteriore tappa di fronte agli ermellini in caso di impugnazione da parte della difesa. Apparentemente si tratta di una parentesi di sollievo in un quadro funesto. In realtà, lo sbaglio commesso a Milano sarà esiziale e complicherà di molto le ricadute politico-istituzionali della sentenza Mediaset. Da quel momento il leader del PdL si troverà a patire non solo le conseguenze legali di una sentenza che considera ingiusta, ma anche l'applicazione illegittima di una legge dello Stato, a sua volta non immune da dubbi sotto il profilo costituzionale.

È infatti in quella falla temporale che si insinua, brandito dal Pd come lo strumento di un *Armageddon*, il decreto legislativo 31 dicembre 2012 numero 235, meglio noto come legge Severino.

Le disposizioni sulla incandidabilità e decadenza dei condannati sono parte di un provvedimento più ampio contro la corruzione nella pubblica amministrazione, avviato dall'ultimo governo Berlusconi e portato a compimento durante il mandato dell'esecutivo guidato da Mario Monti. Più precisamente, le controverse norme destinate a dirigere il traffico tra cariche pubbliche e carichi penali sono contenute in un decreto legislativo, ovvero in un atto emanato dal governo del Professore e redatto in base a criteri indicati in una legge delega del Parlamento. Ma poiché fra un principio astratto e la sua declinazione concreta passa un oceano, e poiché il diavolo spesso si nasconde nei dettagli, la stesura finale di quella norma aveva suscitato non poche perplessità.

Il problema è che quello del ping pong tra governo e Parlamento, alla fine del 2012, non era stato un periodo qualsiasi. Erano i giorni degli scandali scoppiati nei consigli regionali, delle spese pazze, delle inchieste giudiziarie. Qualsiasi aperta disputa sulla congruenza giuridica di una misura presentata come "anti-corruzione" sarebbe finita nel tritacarne, sicché la contesa rimase sotterranea. Una politica timorosa di essere travolta dalla marea montante dell'indignazione popolare aveva fatto delle "liste pulite" la parola d'ordine in vista delle imminenti elezioni nazionali, accreditando l'idea – sballata – che quella legge servisse a ripulire la classe politica. Con effetto immediato, e dunque retroattivo.

Come altre volte nella storia della Repubblica, l'onda dell'emotività suscitata da episodi di cronaca aveva prodotto una legge controversa nel contenuto e ancor più problematica sotto il profilo dell'applicazione, e inibito una discussione pubblica sulle sue illogicità.

Personalmente, nel corso di un convegno sulla corruzione organizzato in quel periodo dalla fondazione Magna Carta, alla presenza dell'allora ministro della Giustizia Paola Severino, avevo segnalato il carattere penalistico della formulazione della norma sulla incandidabilità e dunque l'impossibilità di una sua applicazione retroattiva, che invece veniva data per scontata. Eravamo in tempi assolutamente non sospetti, dal momento che la condanna del leader del PdL era molto in là da venire. A margine di quel dibattito, e successivamente altre volte nel corso di colloqui privati, il Ministro, mia collega alla Luiss e per questo conoscenza di lungo corso, avrebbe replicato così alla mia obiezione: «Io mi sono limitata a fare una legge, è evidente che poi si dovrà discutere su come applicarla. Non è un tema scontato e porrà dei problemi al Parlamento».

Quando la condanna di Silvio Berlusconi riporta alla ribalta quella legge nel frattempo scomparsa dall'attenzione delle cronache, le uniche applicazioni all'attivo riguardano le amministrazioni locali, dove peraltro l'istituto della incandidabilità già vigeva in precedenza. Sul versante parlamentare si tratta di una prima assoluta.

Alcune problematiche sono parzialmente sovrapponibili nelle due fattispecie, come ad esempio quella della non retroattività. Altre investono la sola dimensione territoriale. Lo status costituzionale del Parlamento pone tuttavia delle questioni peculiari. Rispetto ad esso la legge Severino – e in particolare la norma sulla incandidabilità sopravvenuta nel corso del mandato, dunque sulla decadenza – è viziata come vedremo da un baco strutturale che la rende intrinsecamente irragionevole. Il Pd lo avrebbe ammesso soltanto quattro anni dopo, in occasione del caso Minzolini.

Sulla inapplicabilità della legge a fatti precedenti alla sua entrata in vigore è presto detto: non possono esistere nel nostro ordinamento disposizioni penali retroattive. I favorevoli alla decadenza di Berlusconi avrebbero sostenuto che la norma in questione – che, lo ricordiamo, per determinate tipologie di condanna prescrive un periodo di incandidabilità non inferiore a sei anni, anche in assenza di pena accessoria interdittiva – non ha niente a che vedere con il diritto penale giacché si limiterebbe a fissare dei requisiti per l'esercizio del diritto di elettorato passivo, alla stregua della regola che stabilisce l'età minima per potersi candidare al Parlamento. In realtà, la natura penalistica della legge di cui parliamo è evidente. Lo è sia se si guarda alle caratteristiche formali del testo normativo, infarcito di rimandi a elementi di diritto penale, sia che si consideri la sua portata sostanziale alla luce dei parametri di riferimento offerti in particolare dalla giurisprudenza internazionale, per la quale le conseguenze di una sentenza che incidono sui diritti fondamentali sono da intendersi come sanzioni afflittive, penalistiche e dunque non retroattive. E del resto, a dirla tutta, la legge Severino non potrebbe essere applicata retroattivamente neppure se la si considerasse una sanzione amministrativa, come di lì a qualche mese avrebbe fatto la Corte d'Appello di Milano nel motivare il ricalcolo dell'interdizione per il Cavaliere. Anche in questo campo, infatti, il nostro ordinamento soggiace a un principio di legalità per il quale nessuno può essere assoggettato a una sanzione per fatti precedenti all'entrata in vigore della legge che la prescrive.

Quanto invece alle prerogative del Parlamento, la legge Severino appare problematica sia rispetto all'articolo 65 della Costituzione (che per i parlamentari contempla gli istituti dell'ineleggibilità e dell'incompatibilità, e non quello fondamentalmente diverso dell'incandidabilità che la norma dispone), sia rispetto al successivo articolo 66. Quest'ultimo, infatti, assegna alle Camere stesse il giudizio sui titoli di ammissione dei loro componenti e sulle eventuali cause sopraggiunte di ineleggibilità e incompatibilità. Ammesso dunque che ai parlamentari si possa applicare l'istituto della incandidabilità, qualora una sentenza di condanna colpisca un parlamentare in carica – come nel caso di Berlusconi – la legge non può prevedere una decadenza automatica e immediata, ma deve rimandare a una deliberazione della Camera di appartenenza.

È qui che balza agli occhi un profilo di evidente irragionevolezza della norma. Se infatti si ritiene che le Camere siano chiamate a una mera presa d'atto, e dunque a una obbligata ratifica della decadenza, ciò urta frontalmente contro la libertà di determinazione del Parlamento, con la ulteriore conseguenza di attribuire al giudice il potere diretto di incidere sulla sua composizione, addirittura in assenza di pene interdittive. Se invece si riconosce a ciascuna Camera la libertà nell'esercizio delle sue prerogative costituzionali, qualora essa decida per la permanenza in carica del parlamentare condannato la sua deliberazione apparirà in contrasto con le conseguenze che una legge dello Stato fa derivare da una sentenza, esponendosi a un eventuale conflitto fra poteri. L'alternativa per il Parlamento, insomma, è fra mettere in discussione la (discutibile) logica di una legge dello Stato o contraddire la Costituzione spogliandosi delle proprie attribuzioni e degradando se stesso a mero notaio chiamato a ratificare accadimenti esterni.

Da qualsiasi angolazione la si guardi – e personalmente ritengo che nel momento in cui la libera determinazione del Parlamento viene chiamata in causa, una norma ordinaria non possa metterla in discussione – è evidente che la decadenza dalla carica parlamentare ai sensi della legge Severino pone dei problemi di natura costituzionale che la rendono intrinsecamente irragionevole.

A tutto ciò si aggiunga un'ulteriore questione, solo apparentemente secondaria: il rapporto tra la legge delega approvata dal Parlamento e il decreto attuativo emanato dal governo. Tra i numerosi problemi posti dall'interazione tra i due testi, ve n'è uno in particolare che riguarda proprio la fattispecie che qui ci interessa. Per una serie di cariche fra cui quelle di deputato e senatore, infatti, la legge delega stabilisce che in caso di condanna si debba «disciplinare le ipotesi di sospensione e decadenza *di diritto*». Poiché, come abbiamo detto, la decadenza di un membro del Parlamento è subordinata per Costituzione a una deliberazione della Camera di appartenenza e non consiste affatto in una decadenza automatica o "di diritto", delle due l'una: o questa parte della legge delega non può riferirsi alle cariche parlamentari ma solo a quelle negli enti locali, e allora è il decreto attuativo del governo ad essere andato oltre il seminato; oppure, se intende riferirsi anche alle cariche parlamentari, è direttamente la legge delega a porsi in aperta collisione con l'articolo 66 della Carta. Insomma, o è direttamente incostituzionale la legge delega, o lo è il decreto attuativo. *Tertium non datur*.

Il dibattito sulla legge Severino tiene banco per tutto il mese di agosto 2013, in attesa della riunione della Giunta delle Elezioni e delle Immunità parlamentari del Senato, fissata per l'inizio di settembre. In quel periodo la Giunta è alle prese con la convalida dell'elezione dei senatori, alla quale si procede regione per regione. Il Molise, collegio di elezione Silvio Berlusconi, è ancora in sospeso e ad occuparsene come relatore è Andrea Augello, che dopo la sentenza Mediaset vede trasformarsi una pratica banale e anche un po' noiosa in un caso giuridico e istituzionale di primaria grandezza.

La disputa coinvolge ovviamente il livello politico, e fin da subito la sinistra dimostra di non volersi sottrarre al riflesso pavloviano dell'uso della giustizia a fini di parte. Il fatto che per un gioco del destino il "nemico" storico sia in quel momento un alleato di governo rende il Pd se possibile ancora più impermeabile alle ragioni del diritto. Si cerca cinicamente di recuperare una "verginità" a spese non solo degli avversari-alleati, ma ancor più a spese dell'ordinamento costituzionale. A nulla vale neanche la coraggiosa discesa in campo, uno dopo l'altro, di autorevoli giuristi di area progressista, che si uniscono ai colleghi di scuola liberale nell'appoggiare, se non proprio il rigetto integrale della decadenza, quantomeno una richiesta di assoluto buonsenso: che prima di compiere un atto così grave e irreversibile il Senato sottoponga la legge Severino e la sua applicazione al vaglio della Consulta.

Fra i pochi che nel Pd in quel frangente vanno predicando (invano) il rispetto di un pieno diritto di difesa quale parte integrante del principio di legalità c'è Luciano Violante. Con argomentazioni legate non tanto alla contingenza politica quanto al rigore giuridico-costituzionale, l'ex presidente della Camera non si sottrae al confronto che divampa più infuocato del solleone d'agosto. In particolare, il giorno 26 affida al «Corriere della Sera» una riflessione che va dritta al cuore della questione. Uno: la Corte ha già stabilito che i procedimenti davanti alla Giunta delle Elezioni e delle Immunità hanno natura giurisdizionale. Due: alla luce dell'assunto precedente, se ritenesse che vi siano i presupposti la Giunta ben potrebbe rivolgersi alla

Consulta, e ciò non rappresenterebbe un atto dilatorio ma una applicazione della Costituzione. Tre: anche la Corte di giustizia dell'Unione Europea, con sede in Lussemburgo, potrebbe essere interpellata per dire se in base al diritto internazionale la legge Severino si configuri come una pena, in quanto tale non retroattiva, o meno.

Si tratta, in effetti, dei possibili sbocchi istituzionali sui quali si ragiona in quei giorni. A Luciano questa presa di posizione rigorosa e garantista, che nelle settimane successive non avrebbe rinnegato ma anzi ribadito e approfondito, sarebbe costata una mitragliata di fuoco amico di notevole intensità. Addirittura, nel corso della Festa dell'Unità a Genova, un contestatore gli avrebbe rovesciato in testa una bottiglietta d'acqua gelida per "alto tradimento".

In realtà Violante non era diventato affatto un "collaborazionista" berlusconiano. Avendo vissuto da una visuale privilegiata stagioni cruente che avevano messo a repentaglio la tenuta dell'equilibrio costituzionale, e avendo avuto l'onestà intellettuale per una successiva riflessione critica, sapeva quanto quell'equilibrio fosse fragile e quanto l'unico modo per preservarlo consistesse nell'applicare i princìpi fondamentali dell'ordinamento ai propri avversari prima che a chiunque altro.

Sul Pd il pressing non sembra sortire grandi effetti. All'appuntamento con la Giunta ci si prepara come se si trattasse di una corrida. A nulla valgono i ragionamenti di cattedratici d'area come Giovanni Fiandaca, Piero Alberto Capotosti e numerosi altri. A niente servono neppure proposte come quella del senatore socialista Enrico Buemi, che suggerisce di accantonare la "pratica Severino" e attendere il ricalcolo dell'interdizione: la sentenza sarebbe stata in ogni caso eseguita, l'esito sarebbe stato non meno traumatico e divisivo in Parlamento e nel Paese, ma quantomeno si sarebbe evitato lo sfregio dell'applicazione illegittima di una legge in odore di incostituzionalità.

Personalmente in questa battaglia mi getto a capofitto, insieme a uno stretto gruppo di collaboratori dediti alla causa.

Con Andrea Augello siamo in contatto costante. Lui lavora alla relazione da presentare a settembre in Giunta. Io, in raccordo con Niccolò Ghedini, attivo la rete di giuristi raccoltasi negli anni intorno alla fondazione Magna Carta. L'idea è corredare gli atti difensivi che la difesa di Silvio Berlusconi sta predisponendo per il Senato con una serie di pareri *pro veritate*, che mettano in evidenza le falle della legge Severino e dei criteri con i quali con ogni evidenza la si vuole applicare.

I pivot dell'operazione sono Giorgio Spangher, professore di procedura penale, e Nicolò Zanon, costituzionalista. Nessuno di loro svolge attività politica e tantomeno ha frequentazioni con Berlusconi. Sono invece entrambi molto interessati al caso di diritto che la sua condanna pone al Parlamento.

Siamo in pieno periodo di ferragosto, eppure non ci vuole molto a convincere loro e gli altri accademici che si uniranno all'avventura estiva. Certo, studi e uffici sono chiusi e le località di villeggiatura poco attrezzate per le battaglie legali. Ma a tutto c'è soluzione: Zanon trova un negozio di informatica e provvede a munire della necessaria attrezzatura il suo *buen retiro* familiare in Toscana. Spangher, che non ha mai ceduto alle lusinghe del digitale ed è rimasto affezionato all'uso di carta e penna, sarebbe diventato insieme alla nostra piccola unità di crisi l'incubo dei tabaccai dotati di servizio fax nei rispettivi luoghi di vacanza.

Via via entrano nella partita i costituzionalisti Beniamino Caravita di Toritto e Giuseppe de Vergottini, coautori con Zanon di un lungo parere sulla irragionevolezza della legge Severino rispetto allo statuto costituzionale del Parlamento; Roberto Nania, anch'egli studioso della Carta fondamentale, si dedica al tema della legittimazione della Giunta del Senato a rivolgersi alla Consulta; sul fronte penalistico, oltre a Spangher, l'avvocato e processualpenalista Gustavo Pansini, già presidente dell'Unione delle Camere Penali, e la giovane e brava docente di procedura Antonella Marandola avrebbero dimostrato il carattere afflittivo della norma sulla incandidabilità e decadenza, e dunque l'impossibilità di una sua applicazione retroattiva. Fin dall'inizio inoltre, su indicazione dell'avvocato Ghedini, il costituzionalista Giovanni Guzzetta si era lanciato in una approfondita disamina della giurisprudenza europea: una giurisprudenza sostanzialista, che nel qualificare una norma guarda al suo contenuto più che alla sua etichetta, e alla luce della quale, dunque, la legge Severino avrebbe dovuto essere considerata una sanzione certamente irretroattiva.

Il 28 agosto i sei pareri *pro veritate* vengono depositati in Giunta al Senato, e di lì a poco tutto il materiale viene allegato a un ricorso presentato presso la Corte europea dei Diritti dell'uomo di Strasburgo dalla difesa del Cavaliere, affiancata per l'occasione da Andrea Saccucci, esperto di diritto comunitario e anch'egli prezioso supporto in quell'estate di studio matto e disperatissimo in vista della battaglia parlamentare. Altri giuristi, impossibilitati per le più varie ragioni a rendere formalmente un parere, contribuiscono comunque alla causa. Chi sotto traccia, chi offrendo la propria disponibilità per interviste e interventi sugli organi di informazione.

Quanto a esternazioni sui giornali, in quel periodo anche noi del PdL siamo piuttosto prolifici. Ogni occasione è buona per richiamare la sinistra alla gravità della responsabilità che ha tutta l'intenzione di volersi assumere. Per quanto mi riguarda, tra le varie interviste, il 21 agosto rivolgo un accorato appello dalle colonne del «Foglio» affinché la Giunta del Senato non venga trasformata in un plotone d'esecuzione, perché – come altre volte nella travagliata storia d'Italia – nell'illusione di chiudere la partita con l'avversario politico, ciò avrebbe significato abbattere un altro pezzo di ordinamento costituzionale. «Bisogna cambiare la Severino!», è la sintesi giornalistica che ne viene fuori. Il marito del Ministro della Giustizia mi telefona per scherzarci su: «Sono quarant'anni che provo a cambiarla e ti assicuro che non ci si riesce...».

10.

Per grazia (non) ricevuta

Con un simile agosto alle spalle, per il giorno 24 viene convocato ad Arcore un vertice che si preannuncia come uno scontro finale tra falchi e colombe. Tema del contendere, ancora una volta, l'opportunità di proseguire o meno l'esperienza di governo. In vista dell'appuntamento sento gli altri ministri, Fabrizio Cicchitto, Gianni Letta. Quest'ultimo si mostra tranquillo, convinto che a Villa San Martino non sarebbe andata in scena alcuna sfida ultimativa ma solo un incontro interlocutorio.

In realtà, appena ci sediamo attorno al grande tavolo da pranzo nella sala con balconata che dà sul parco, appare chiaro che gli unici convenevoli sono stati consumati durante le passeggiate che avevano preceduto il desinare.

L'attacco all'esecutivo è durissimo e a guidarlo è ancora una volta Denis Verdini, il quale, coerentemente con la linea che aveva fin lì perseguito, sostiene la necessità di staccare la spina al più presto e di mettere in campo azioni clamorose in grado di bloccare il Paese. Queste convinzioni di lungo corso si intersecano poi con analisi più sofisticate: la tesi è che, essendo in gioco i diritti fondamentali del presidente Berlusconi, sarebbe molto più facile difenderlo se lui rivestisse i panni del leader dell'opposizione piuttosto che quelli dell'alleato di governo.

Sul versante opposto, nel quale mi trovo anch'io, ribattiamo con argomentazioni di diverso segno. C'è da tener conto delle difficoltà del Paese, avvitato in una crisi economica e in uno stallo istituzionale senza precedenti. E ci sono da valutare anche le conseguenze politiche di un eventuale *show-down*. Fatta la prima mossa, saremmo a corto di un piano B: la legge elettorale è *sub iudice*, lo scioglimento delle Camere difficile da ottenere, una saldatura di tutti i nostri avversari uno scenario non inverosimile, e quand'anche si riuscissero a conquistare le elezioni anticipate – che noi dovremmo affrontare con il nostro leader comunque privato dei diritti politici – il risultato più probabile sarebbe il trionfo del Movimento 5 Stelle. Sarebbe meglio per l'Italia? Per il centrodestra? Per Berlusconi? A me, e non solo a me, pare di no.

La discussione va avanti a lungo. Nei primi interventi, fra i quali il mio, lo scontro è certamente duro, senza esclusione di colpi (verbali), ma si mantiene entro i limiti del confronto dialettico. Con il trascorrere delle ore gli animi finiscono invece per esacerbarsi e la riunione, protrattasi fino all'orario dell'ultimo aereo utile per tornare a Roma, finisce in un nulla di fatto anche a causa di una rissa sfiorata tra Cicchitto e Verdini, che per poco non vengono alle mani.

Lascio Arcore molto amareggiato. Ho sempre ritenuto che l'appartenenza a un partito sia una scelta empirica e approssimativa, perché nessuno può pretendere di riconoscervisi in maniera integrale. Sulla strada di casa mi sorprendo però a pensare che il tasso di empiria avesse raggiunto il livello di guardia. La situazione nelle ore successive si sarebbe rasserenata, anche grazie all'intervento dei figli del Cavaliere. Ma quel giorno mi era sembrato di partecipare a un dibattito tra avversari, non tra membri di una stessa comunità divisi da legittime opinioni contrapposte.

Fatto ritorno per uno scampolo di vacanze al mio trullo di famiglia a Locorotondo, in Puglia, il giorno dopo mi raggiunge una telefonata del Quirinale. Il Capo dello Stato mi chiede di fare il punto sulle riforme e, *en passant*, domanda quale sia la mia versione sulla riunione, la cui cronaca nel frattempo era finita sulle pagine dei quotidiani senza nulla lesinare sui motivi di conflitto e contrapposizione. Non gli taccio la mia preoccupazione per il quadro generale e sono altrettanto sincero nell'ammettere che considero la tenuta del governo decisamente in bilico. È evidente che il nostro stallo interno non può non riflettersi sul confronto politico. Tanto i sostenitori della continuità quanto i fautori della rottura hanno infatti bisogno di trovare nell'azione dell'esecutivo una conferma delle proprie aspettative e una motivazione in più a supporto delle proprie posizioni.

È in questo clima che il 28 agosto il Consiglio dei ministri compie un passo ulteriore verso il superamento dell'Imu sulla prima casa, sui terreni agricoli e sui fabbricati rurali. La decisione appare un trionfo per il PdL e in particolare per la sua delegazione governativa. Anche perché dimostra che Enrico Letta comprende la natura coalizionale della sua maggioranza e sa di dover pagare un prezzo politico ai suoi alleati.

Questa consapevolezza sarebbe completamente scomparsa nell'operato del suo successore. Se si vuole individuare una cesura tra il governo Letta e l'esecutivo di Matteo Renzi, ancor più che nella composizione della compagine governativa (il peso di Ncd non è comparabile con quello del PdL), essa va ricercata nell'inattitudine assoluta di Renzi a concepire accordi, coalizioni, insomma il rapporto con altri diversi da sé. Lo dimostrerà in ogni passaggio cruciale: la gestione del patto del Nazareno, l'elezione del nuovo Presidente della Repubblica, l'approvazione della riforma costituzionale. E qui, in fondo, risiederà la ragione primaria della sua sconfitta.

Nonostante il colpaccio sul sensibilissimo terreno fiscale, la situazione resta quantomai precaria. L'entusiasmo per la vittoria sull'Imu dura infatti lo spazio di un mattino. Il giorno successivo il viceministro all'Economia, Stefano Fassina, paventa come inevitabile conseguenza l'aumento dell'Iva, destinato a scattare il primo ottobre in assenza di un intervento del governo che scongiuri il rincaro. Nella bilancia che tiene in equilibrio il PdL, il piatto dei falchi torna a farsi pesante, e da quel momento l'Iva diventa la frontiera più avanzata della guerra interna contro il governo Letta.

Il secondo fronte, incandescente, è quello della Giunta per le Elezioni e le Immunità del Senato. Il 4 settembre è convocata una riunione per fissare una *road map* attraverso la quale giungere a una decisione sulla decadenza di Silvio Berlusconi. Il Pd ufficialmente non mostra dubbi né cedimenti sul da farsi e sul come farlo. Il clima è da rodeo. Ma in realtà, come abbiamo già visto, anche sulla scorta delle riflessioni di autorevoli esponenti della comunità giuridica di riferimento, qualcuno che si ponga il problema di andare più in profondità, evitare uno sbrego e garantire il diritto di difesa dell'avversario c'è. Non è ovviamente il caso di Matteo Renzi, che anche in questa circostanza si distingue per la profondità dei suoi ragionamenti. «In un Paese civile un condannato va a casa», dichiara il 30 agosto il sindaco di Firenze. Pensiero a misura di tweet, non sia mai che si vada oltre i 140 caratteri.

Dalla sera precedente io mi trovo a Cogne, atteso per prendere parte a un dibattito pubblico con Valerio Onida e Luciano Violante. Il programma della giornata è piuttosto intenso. Al mattino ci troviamo tutti e tre a casa di Luciano per sciogliere alcuni nodi del lavoro preparatorio della riforma costituzionale, in particolare su forma di governo, rapporto Stato-Regioni e legge elettorale. Nel pomeriggio prendiamo parte all'iniziativa alla quale eravamo stati invitati. La mattina del 31 si parte per Torino.

Nella città della Mole mi raggiunge Augello che, ricordiamo, è il relatore in Giunta del caso Berlusconi. Insieme ci rechiamo a casa di Violante nel tentativo di trovare una via d'uscita praticabile per quella che i più avveduti fra i non berlusconiani comprendono essere una questione che non si possa affrontare col semplicismo renziano, perché chiama in causa il diritto di difesa e i princìpi cardine dell'ordinamento costituzionale.

Di quei giorni tra Cogne e Torino mi restano impressi il senso di una calda accoglienza da parte di Luciano e di sua moglie Giulia; la consapevolezza di quanto fosse difficile ma non impossibile condurre fino in porto un percorso condiviso di riforma del sistema politico; soprattutto, il fascino del confronto intellettuale tra Violante e Augello: due uomini che hanno abbracciato su versanti contrapposti le ideologie del Novecento, accomunati dalla ricerca di una razionalità assoluta e ormai consapevoli di dover sottoporre la propria logica al primato delle istituzioni, ambito elettivo per il perseguimento di un compromesso necessario. Quella che si consuma tra Luciano e Andrea è una discussione alta e interessantissima, alla quale assisto quasi da spettatore: un intruso liberale che seduto sul ramo di un albero si gode il duello tra i nemici di un tempo costretti a venire sul suo terreno privilegiato, quello del parlamentarismo.

Ricordo come entrambi fossero consapevoli che la legge Severino poneva il Parlamento di fronte a una grande difficoltà: al netto del tema della retroattività, la massima istituzione rappresentativa del nostro Paese da un lato era investita di un atto "notarile" che poteva sembrare obbligato, dall'altro era chiamata dalla Costituzione a una libera determinazione. Col senno del poi, alla luce del voto che quasi quattro anni dopo il Senato avrebbe espresso sulla (non) decadenza di Augusto Minzolini, devo dire che la discussione di quella mattina a Torino ebbe qualcosa di profetico.

L'unica strada che appare percorribile è fare in modo che, prima del pronunciamento del Parlamento, un alto organo giurisdizionale possa sciogliere i nodi che gravano sulla norma e sulla sua applicazione. Anche perché, in caso contrario, ci si troverebbe di fronte a una legge sostanzialmente sottratta al controllo di costituzionalità. La via maestra è la Consulta, ma sul tavolo c'è anche la possibilità di rivolgersi alla Corte del Lussemburgo.

Violante si mostra del tutto conscio che la sorte del tentativo di pacificazione nazionale, fondato su una riforma condivisa dello Stato, dipende da quel passaggio strettissimo. Sa anche, ovviamente, di muoversi su un terreno assai accidentato, dove con molta difficoltà il Pd si sarebbe potuto avventurare. E probabilmente in cuor suo sa che se si evitassero corride sul fronte della legge Severino e si desse al Parlamento il tempo di attendere la sentenza finale sull'interdizione e su quella pronunciarsi, lo scontro politico sulla decadenza di Berlusconi sarebbe non meno duro ma la sinistra eviterebbe di intestarsi un atto così costituzionalmente controverso.

Dopo il week-end all'ombra della Mole, una prognosi che nella nostra pia illusione consideriamo realistica è che la Giunta del Senato possa come primo passo riconoscere la propria legittimazione, in quanto organo investito di funzioni giurisdizionali, a sottoporre la legge Severino alle alte Corti per una valutazione preliminare sulla sua applicazione. Più difficile ci sembra che il Senato accetti di rivolgersi alla Corte Costituzionale, dopo aver approvato la normativa anti-corruzione con grandi fanfare (anche se, come Augello avrebbe fatto presente in Giunta, non è in gioco la personale coerenza di chi ha votato la legge ma il ragionevole dubbio sulla rispondenza della sua applicazione ai princìpi dell'ordinamento). Plausibile ci appare invece che il Parlamento possa bussare alla Corte del Lussemburgo: l'applicazione retroattiva della legge Severino pone oggettivi problemi di compatibilità con il diritto comunitario e poi, trattandosi di un aspetto della questione nuovo e sostanzialmente inesplorato, gran parte degli imbarazzi potrebbero essere riassorbiti.

Prendono così forma le tre questioni pregiudiziali – esattamente nell'ordine descritto – che Andrea presenta il 9 settembre in Giunta. La reazione del Pd non è però quella che ci aspettiamo. La chiusura è totale, e nove giorni dopo tutte e tre le proposte vengono respinte al mittente. Lo stesso giorno viene bocciata la proposta di convalida dell'elezione di Silvio Berlusconi a senatore (come già detto, in quel momento la convalida delle elezioni per il collegio del Molise era ancora in sospeso), Augello si dimette da relatore e l'incarico viene assunto da Dario Stefàno, presidente della Giunta eletto in Senato da indipendente nelle liste di Sel. La battaglia sulla decadenza appare persa, resta da combattere – come vedremo più avanti – quella sui tempi.

Alla partita giocata sulla legge Severino si intreccia, per sovrapposizione cronologica e per le problematiche di fondo, quella altrettanto complessa per un possibile provvedimento di clemenza da parte del Capo dello Stato, largamente evocato dalla nostra parte politica. Che la questione esista non è affatto un mistero, al punto che il 13 agosto dal Quirinale viene diramato un lungo comunicato – molto ben accolto dal PdL – che nel tributare un riconoscimento alla leadership di Berlusconi come prerogativa del suo partito e non di una sentenza, apre un sentiero che sta innanzi tutto al Cavaliere, alla sua famiglia, ai suoi difensori e infine a tutti noi decidere se scandagliare.

La faccenda non è semplice, perché chiama in causa tanto aspetti politici di indubbia portata simbolica, quanto implicazioni giuridiche che gli uomini più vicini al Cavaliere invitano a soppesare senza superficialità. Alla pratica si applicano in tanti, in misura senza dubbio più intensa di quanto possa fare io. Fra questi certamente i figli di Silvio Berlusconi, i suoi legali, Fedele Confalonieri, Gianni Letta, i capigruppo del PdL Renato Brunetta e Renato Schifani, e non ultimo Cicchitto, autore di una bellissima lettera privata a Giorgio Napolitano che Fabrizio per amicizia mi fa leggere. Se in queste pagine mi soffermo sugli episodi che mi hanno visto partecipe non è per mania di protagonismo o per amplificare il mio ruolo evidentemente marginale, ma soltanto perché si tratta di ciò che conosco con certezza per averlo vissuto.

Il tema di un possibile atto di clemenza tiene banco per tutto il mese di agosto tra dichiarazioni pubbliche, consultazioni private e contatti informali con la presidenza della Repubblica. Agli inizi di settembre, durante una riunione della delegazione governativa del PdL nell'ufficio di Alfano, ricevo una telefonata di Berlusconi che mi dà mandato per salire al Quirinale e approfondire con Napolitano l'ipotesi della grazia. Informo Angelino e Gianni Letta e tramite il segretario generale Donato Marra, con il quale sono in frequente collegamento, ottengo un appuntamento al Colle per quella sera stessa.

Non è la prima volta che affronto la questione con il Capo dello Stato, ma capisco che siamo a un punto cruciale quando apprendo che quel giorno stesso una analoga sollecitazione gli era giunta da José Manuel Barroso, allora presidente della Commissione Europea, sul quale, come avrei saputo in seguito, aveva lavorato Antonio Tajani.

Durante il nostro colloquio Napolitano si mostra disponibile anche se, come aveva già fatto nel comunicato di agosto, insiste sull'opportunità che la grazia venga concessa su istanza di qualcuno dei soggetti titolati per legge. A quel punto io, risponverando i rudimenti dell'arte della contrattazione, mi incaponisco sulla richiesta di un atto *motu proprio* per introdurre il tema che in realtà mi sta a cuore: il fatto che il provvedimento di clemenza riguardi l'intera pena di quattro anni comminata al Cavaliere dalla sentenza della Cassazione, e non soltanto l'anno che resta al netto dell'indulto. L'estinzione integrale avrebbe infatti potuto risolvere alla radice il problema della legge Severino. Il Presidente mi fa capire che una grazia *motu proprio* relativa all'intera pena sarebbe stata al di fuori di ogni possibilità. Se invece la grazia fosse stata richiesta, dei quattro anni, dopo i dovuti approfondimenti, avremmo potuto riparlare.

Subito dopo aver lasciato il Quirinale telefono a Berlusconi, Letta e Ghedini per riferire loro l'esito dell'incontro. La mattina successiva Gianni Letta mi informa di una riunione svoltasi alla presenza degli avvocati, durante la quale si era addivenuti alla conclusione che senza l'estensione ai quattro anni un provvedimento di grazia, per ragioni più giuridiche che politiche, non sarebbe stato utile e neppure conveniente. Mi avverte che il presidente Napolitano era già stato reso personalmente edotto di questa considerazione, e mi incoraggia a perseverare nel tentativo di ottenere il risultato sperato.

La sera stessa mi richiama il Capo dello Stato. Non appare affatto scontento dell'incontro avuto con Gianni Letta, ma ha necessità di conoscere quali siano le nostre determinazioni conclusive. Mi riferisce però di aver constatato l'assoluta contrarietà degli uffici del Quirinale rispetto all'ipotesi della grazia in versione "estesa". Le ragioni dell'opposizione sono sintetizzate in un documento interno di una pagina e mezzo datato 9 settembre che Napolitano mi fa avere riservatamente, dandomi l'opportunità di fargli arrivare a stretto giro un parere di segno opposto che possa superare le obiezioni e persuadere la sua struttura.

Non c'è tempo da perdere. È sera tardi quando chiamo Giorgio Spangher, il quale la mattina successiva, poco dopo l'alba, si incontra con una mia collaboratrice negli uffici ancora deserti del ministero delle Riforme e le consegna un foglio scritto a penna durante la notte, fitto fitto, e una pagina di quotidiano con il bordo pieno di ulteriori appunti presi sull'autobus. Il parere prende forma ed è pronto per essere inviato al Quirinale quando, per una fortuita casualità, passano a trovarmi in rapida successione un magistrato e un politico. Il magistrato vanta una lunga esperienza nell'ufficio del ministero della Giustizia dedicato all'istruttoria sulle domande di grazia; il politico è un esponente del Pd che si occupa di questioni istituzionali, sufficientemente "laico" da vedere di buon occhio una positiva soluzione del caso. Senza svelare l'arcano (e cioè i termini dell'interlocuzione in corso con il Colle), autorizzato da Spangher che conosce bene entrambi, faccio leggere l'appunto ai miei due ospiti, separatamente. Il magistrato manifesta piena condivisione delle argomentazioni. Il politico, più smaliziato, osserva: «Dovendo sostenere questa tesi, con la quale io non sono d'accordo, c'è tutto ciò che deve essere detto». Purtroppo, nonostante nel controparere ci sia tutto ciò che deve essere detto, anche al Quirinale continuano a non essere d'accordo. Sull'estensione a quattro anni di un possibile provvedimento di clemenza la fumata degli uffici incaricati dell'istruttoria resta nera.

Di lì a qualche tempo, sul capitolo grazia sarebbe stata scritta la parola fine. In seguito, infatti, il Colle non avrebbe più preso in considerazione nemmeno ipotesi di un più minimale provvedimento di clemenza.

Con uno sguardo retrospettivo e la consapevolezza di ciò che sarebbe accaduto in seguito, è evidentemente in questi giorni di fine estate che si consumano gli ultimi spazi di mediazione fra i partiti e all'interno dei partiti.

Nel Pd si assiste a uno scambio di dichiarazioni che lette col senno del poi valgono più di una metafora. L'11 settembre Matteo Renzi, ospite di Bruno Vespa nel salotto di "Porta a Porta", alza l'asticella. Nei confronti di Berlusconi proclama il "game over". E al Presidente del Consiglio non manca di manifestare tutto il suo affettuoso sostegno: «Capisco che Letta si occupi giustamente della seggiola, è normale...». Il giorno appresso Enrico, interpellato su ciò che sta accadendo in Giunta al Senato, si dice "sereno".

A quel tempo il sindaco di Firenze non aveva ancora provveduto a farne un argomento tabù, eppure credo che la "serenità" fosse l'ultimo sentimento che l'allora premier avrebbe dovuto ostentare. A mio avviso il più grave errore commesso da Enrico Letta è stato non comprendere e non far comprendere al suo partito che la cacciata del leader del centrodestra dal Parlamento, per mezzo di una legge sbagliata e di una sua applicazione incostituzionale, avrebbe minato alle fondamenta quel fragile tentativo di pacificazione e avrebbe indebolito il suo stesso ruolo, esponendolo all'assalto di chi denigrava la "seggiola" perché in realtà non vedeva l'ora di sgomberarla per sedercisi comodamente sopra.

Sul versante del PdL, è questo il periodo in cui si riaccende lo scontro tra falchi e colombe. Ed è anche il momento nel quale inizia a palesarsi la doppia anima del "partito della crisi".

Certamente non mancano gli interpreti di uno scontro genuino tra persone che la pensano diversamente ma riconoscono la reciproca buona fede. Ne ho un assaggio il 6 settembre, quando vengo invitato a Sanremo alla festa del «Giornale» e a sera mi fermo a cena con Alessandro Sallusti, Daniela Santanchè e altre firme del quotidiano milanese. A quel tavolo sono rappresentate le posizioni in quel momento più distanti possibile all'interno del nostro partito. Eppure il confronto è pieno di empatia, la conversazione spontanea e affettuosa. In fondo vogliamo la stessa cosa; il disaccordo è sulla strada per perseguirla. Allo scambio della buonanotte, ringrazio sinceramente il direttore per l'invito e anche per aver contribuito con quella serata così piacevole a stemperare le tensioni che quella difficile fase stava creando nella nostra comunità. Sallusti conosce bene la differenza che c'è tra avversari interni e avversari esterni, e nel salutarmi ci tiene a farmelo sapere.

All'interno del PdL, però, non per tutti è così. Già da quel periodo c'è chi ritiene che se al posto di Letta vi fosse Renzi la situazione per il centrodestra sarebbe più agevole e conveniente: opinione certamente legittima ma già a più riprese smentita dai fatti.

Queste partite sotterranee e incrociate si stagliano su un quadro sempre più compromesso.

Mentre noi cerchiamo di giocare tutte le carte possibili per trovare una via d'uscita sul fronte della legge Severino, inizia a farsi strada la tentazione di far svolgere il voto sulla decadenza di Silvio Berlusconi a scrutinio palese, anziché a scrutinio segreto come vorrebbe il regolamento. Una decisione a metà strada tra lo schiaffo, la provocazione e lo strappo istituzionale, che il presidente del Senato Pietro Grasso porterà avanti fino in fondo.

Il 17 settembre una devastante sentenza della Cassazione sul cosiddetto "lodo Mondadori" chiude in maniera sanguinosa per il Cavaliere la "guerra di Segrate", che per oltre vent'anni aveva visto contrapposte la Fininvest e la Cir di Carlo De Benedetti.

Il 18, come già detto, la Giunta di Palazzo Madama avvia ufficialmente il cammino verso la decadenza bocciando le proposte di Augello.

Lo stesso giorno un videomessaggio del presidente Berlusconi annuncia ufficialmente quel ritorno a Forza Italia che da tutta l'estate aleggiava sul partito e che in molti, in assenza di un chiarimento interno, temevamo potesse rappresentare il momento della deflagrazione.

11.

Dove osano le colombe

L'orizzonte verso il quale ci si proietta da quel momento in poi è esattamente l'opposto di quello al quale avevo guardato nei sette anni precedenti, da quando avevo intrapreso il mio percorso nella vita istituzionale. Avevo sempre sperato che partendo da una vicenda biografica eccezionale si potesse arrivare a costruire un grande "partito di coalizione" nel quale l'anima liberale, quella conservatrice e quella nazionale potessero convivere. Certo, l'esperienza unitaria aveva portato con sé alcune difficoltà nel tenere insieme la cultura di origine cristiana e liberale e quella derivante dalla matrice missina. Non a caso, dal ceppo comune del Popolo della Libertà erano nati, si erano presentati alle elezioni e sotto la guida di Giorgia Meloni avevano conquistato una rappresentanza parlamentare i "Fratelli d'Italia", con la fiamma nel proprio simbolo.

Io ritenevo allora – e ritengo tutt'oggi – che quelle difficoltà siano superabili. Questa convinzione si è rafforzata alla luce dell'eccellente collaborazione in Senato con Maurizio Gasparri: insieme, ai tempi del PdL, abbiamo gestito il gruppo senatoriale più grande della storia repubblicana. Il risultato di quell'esperienza è stato un perfetto amalgama tra i parlamentari di differente provenienza, certificato dal fatto che l'opposizione in cinque anni non è mai riuscita a batterci. Il vissuto umano e politico di quel periodo mi ha persuaso che se l'intuizione del PdL fosse stata coltivata fino in fondo, dando vita a un vero partito dotato di regole e soprattutto non esposto a giochi spericolati per la conquista della successione, quell'esperimento sarebbe stato un successo.

Ritenevo allora – e ritengo tutt'oggi – che la vicenda del centrodestra italiano debba essere immaginata come la successione in una storia di capitalismo familiare: c'è una generazione eroica, quella dei fondatori, che per imporsi deve forzare le regole fino al limite del consentito; c'è poi la seconda generazione, quella che riceve il testimone, che se pensa di comportarsi come la prima va inevitabilmente incontro a un disastro. Essa, se vuole durare, deve saper consolidare il risultato dei padri costruendo una comunità governata da regole precise.

A me pareva evidente che l'annuncio di un ritorno a Forza Italia, lungo questo percorso ideale, rappresentasse un passo indietro e non un salto verso il futuro.

Mi trovo in questo stato d'animo quando il 25 settembre di quel terribile 2013 mi reco alla riunione congiunta dei gruppi del PdL di Camera e Senato durante la quale, in un crescendo rossiniano di esaltazione, si arriva alla sciagurata decisione delle dimissioni in massa di tutti i parlamentari. La circostanza è aggravata dal fatto che il Presidente del Consiglio Enrico Letta è fuori dall'Italia, si trova a New York per rappresentare il nostro Paese all'Assemblea generale delle Nazioni Unite, ed è atteso a Roma prima del successivo Consiglio dei ministri – l'ultimo utile per bloccare il previsto aumento dell'Iva – per dirimere a nostro vantaggio l'ennesima *querelle* in materia fiscale scatenata da alcune dichiarazioni del ministro dell'Economia Fabrizio Saccomanni.

Non taccio il mio dissenso. La sera ricevo una telefonata del mio capogruppo, Renato Schifani, amichevole nel tono e sinceramente preoccupata per la posizione che avevo assunto. Renato mi dice in sostanza che tutti o quasi i deputati, compresi i ministri, avevano consegnato il modulo di dimissioni e che al Senato mancavano all'appello soltanto le firme di Carlo Giovanardi, del sottoscritto e di pochissimi altri. Mi segnala anche che ovviamente, visto il ruolo di governo che ricopro, l'assenza del mio modulo risulta in qualche misura più evidente. Lo ringrazio per l'autentica premura ma gli ribadisco che non ho intenzione di scrivere alcuna lettera di dimissioni, per il semplice fatto che considero quella iniziativa una sciocchezza sul piano politico e istituzionale. Quando mi domanda di poter informare Berlusconi della mia posizione, rispondo che avrei chiesto appuntamento al Presidente per parlargli personalmente, cosa che faccio subito dopo ricevendo immediata udienza a Palazzo Grazioli.

A Berlusconi dico che se il mio partito decidesse di uscire dal governo, finché ne sono parte, ubbidirei all'istante. Ma gli comunico pure, con assoluta franchezza, che ritengo le dimissioni di massa dei parlamentari un errore istituzionale e politico. Anche senza scomodare il fallimentare precedente dell'Aventino, il fatto è che quel gesto comporterebbe comunque una sostituzione, ragion per cui l'effetto pratico si risolverebbe in una sorta di mera dichiarazione di sfiducia nei confronti delle istituzioni rappresentative, mentre noi a mio avviso dovremmo rispondere agli atti para-eversivi dei nostri avversari – a cominciare dal voto palese sulla decadenza – mantenendo con fierezza l'atteggiamento contrario.

Berlusconi prende atto delle mie argomentazioni senza replicare. Ho la netta impressione che anche lui creda poco in quell'azione eclatante di protesta, della quale coglie più che altro il potenziale comunicativo immediato. Con ogni evidenza mi considera – forse non per la prima volta – un intellettuale astratto, troppo legato alle forme e troppo costretto dai libri che ha letto.

Questa situazione di incertezza induce Enrico Letta, nel Consiglio dei ministri del giorno successivo, a far saltare il decreto che avrebbe dovuto bloccare l'aumento dell'Iva. La motivazione formale non fa una grinza: le preannunciate dimissioni dei nostri parlamentari privano l'esecutivo di una maggioranza, e finché di questa maggioranza non vi è sicurezza appare impossibile varare un decreto che comporti un così oneroso impegno di bilancio, con il serio rischio di non avere i numeri per convertirlo in legge.

Si tratta del classico assassinio di Sarajevo, le cui conseguenze non si fanno attendere. Il giorno 28, come un fulmine a ciel sereno, verso l'ora di pranzo viene richiesto ai cinque ministri del PdL di dare le dimissioni dal governo.

È un torrido sabato di fine estate. Mi trovo insieme ai miei collaboratori a mangiare un boccone in via Frattina, a pochi passi dal ministero, quando arriva la telefonata di Alfano che mi riferisce di aver appena ricevuto da Arcore, piuttosto burocraticamente, direttive in tal senso. Angelino mi chiede di cercare gli altri ministri e poi raggiungerlo a casa sua. L'unica che riesco a trovare con facilità è un'incredula Nunzia De Girolamo. Beatrice Lorenzin, intenta a camminare sul bagnasciuga di Fregene assieme al suo futuro marito, avrebbe risposto al telefono solo alcune ore dopo. E ancora più difficile si rivela rintracciare Maurizio Lupi, impegnato negli esercizi spirituali di Comunione e Liberazione. Quando a fatica riesco a contattare uno dei suoi collaboratori, si sentono in sottofondo canti religiosi e la mia richiesta di un colloquio urgente viene derubricata a uno scherzo al quale non dare sollecita risposta.

La verità è che nessuno si aspettava un epilogo così repentino. Impieghiamo qualche ora a serrare i ranghi, e quando finalmente riusciamo a confrontarci, ci troviamo d'accordo nel ritenere sbagliata la decisione assunta e piuttosto irrituali i modi con cui ci era stata comunicata. Soprattutto, per una questione sia di forma che di sostanza, concordiamo di riscrivere il comunicato di dimissioni rispetto al testo che era stato trasmesso ad Alfano.

Restiamo insieme fino a sera. Il giorno dopo io ho in programma un intervento al Festival del Diritto a Piacenza, e decido di manifestare in quella sede la mia opinione su quanto sta accadendo. Parto in macchina di primissimo mattino alla volta della città emiliana dove, intervistato da Stefano Folli, non le mando a dire. Non nascondo il mio disaccordo rispetto a una decisione che avrebbe portato alla fine del governo Letta senza offrire al Paese un'alternativa. Aperte le cataratte, non mi fermo più. Dichiaro che per me la fine del PdL è un errore, che non sarei entrato nella nuova Forza Italia e che, in assenza di altre prospettive, avrei chiuso con la politica per dedicarmi al Napoli Club Salario.

Con quella spataffiata do la stura a una lunga sequela di esternazioni da parte degli altri ministri dimissionari e di colleghi parlamentari, che si conclude nel tardo pomeriggio con una dichiarazione di Alfano che di fatto prelude a una svolta politica:

«Sarò diversamente berlusconiano». Quello stesso giorno Enrico Letta sale al Colle con l'intento di rassegnare le dimissioni. Il presidente Napolitano lo rinvia alle Camere per la fiducia. La resa dei conti è fissata per il 2 ottobre.

La vigilia del "D-Day" scorre convulsa e interminabile tra incontri che si susseguono, telefoni che squillano, pallottolieri che impazziscono. E anche il mondo fuori dai palazzi della politica non resta a guardare. Siamo nel pieno di una recessione economica durissima, l'alternativa a quel governo che bene o male riesce a trasmettere un senso di rassicurante serietà è un'incognita tendente verso il caos spinto, e in quel frangente dai corpi intermedi e dalle categorie produttive si leva spontanea una mobilitazione corale e trasversale che ha pochi precedenti. Vengono persino acquistate intere pagine sui principali quotidiani nazionali per rivolgere appelli alle forze politiche affinché venga evitata una crisi al buio. L'Italia è spaventata, ed è evidente che un salto nel vuoto sarebbe addebitato tutto intero al centrodestra.

Il pomeriggio del primo ottobre l'entropia interna al PdL sta per raggiungere il livello di guardia quando Alfano, nella veste di segretario, rompe gli indugi e invita apertamente il partito a rinnovare compatto il proprio sostegno al governo Letta.

Intorno alle 18 ho un colloquio telefonico con Berlusconi e capisco che la partita è ancora aperta. Gli comunico che avrei votato la fiducia e gli argomento le mie ragioni. Lui mi pone un problema: tecnicamente i ministri del PdL sono ancora dimissionari, come fare per superare questa situazione? Fondamentalmente le alternative sono due: che sia il Cavaliere a chiederci di revocare le dimissioni, o che sia il Presidente del Consiglio a respingerle dopo una comunicazione ufficiale delle rappresentanze parlamentari del PdL sulla loro intenzione di votare a favore dell'esecutivo. La telefonata si conclude in maniera interlocutoria, Berlusconi mi dice che ci avrebbe riflettuto.

In serata Enrico Letta manda autonomamente indietro le nostre lettere di dimissioni. Se non che, al termine di un lungo vertice a Palazzo Grazioli, al quale con coraggio e col suo temperamento pugnace prende parte Nunzia, la fumata è nera e il pollice verso. Il barometro punta con decisione verso la sfiducia.

È a quel punto che tra cartoni di pizza e lattine di Coca Cola, uno dopo l'altro i parlamentari più contrari alla crisi di governo e pian piano anche i dubbiosi iniziano a confluire verso Palazzo Chigi, negli uffici di Alfano. La notte è lunghissima, i numeri incoraggianti. Sento nuovamente Berlusconi al telefono e gli dico che una parte consistente dei senatori del PdL, almeno una ventina, sono intenzionati a votare la fiducia al governo. Mi sembra importante e anche giusto che egli lo sappia, in vista della giornata campale che ci attende l'indomani. Lui mi oppone i calcoli di Verdini, secondo il quale i "governativi" a Palazzo Madama sarebbero al massimo sei o sette. I conti evidentemente non tornano.

Alle 6 del mattino del 2 ottobre ho un ultimo incontro. Vedo il senatore Michelino Davico, allora nella Lega, convinto che aprire una crisi in quel momento sarebbe una follia. Restiamo d'accordo che in caso di necessità il suo voto si sarebbe aggiunto.

L'intervento che Enrico Letta pronuncia in Aula per chiedere al Parlamento di rinnovargli la fiducia contiene numerose aperture programmatiche nei confronti del centrodestra. Il premier sottolinea il carattere straordinario ed emergenziale della strana maggioranza che aveva fin lì sostenuto il suo esecutivo, tesse un elogio del pensiero forte e delle identità, e in questo riconoscere come legittime le reciproche differenze tenta una via d'uscita – «né *ad personam*, né *contra personam*» – dal feroce scontro che nella Giunta del Senato oppone sul caso Berlusconi i due partiti maggiori contraenti dell'alleanza di governo.

Resto convinto che sul fronte della giustizia il premier avrebbe dovuto osare di più. In ogni caso, nel complesso, il suo discorso è per la nostra parte ampiamente "potabile".

Prima della votazione, tanto i senatori quanto i deputati del PdL, giunti a Palazzo Madama per prendere parte alla decisione finale, si riuniscono nell'ampia Sala Koch. La pattuglia dei "governativi" si ritrova invece nella sala fumatori, a due passi dall'Aula. I senatori favorevoli alla fiducia appongono le loro firme, oggettivamente numerose, in calce alla mozione di maggioranza. Il foglio resta nelle mie mani e con la facciata inavvertitamente in bella mostra mi ritrovo a fare ingresso nell'emiciclo dove i fotografi non si fanno sfuggire lo scoop che di lì a pochi minuti campeggia sulle home page di tutti i principali siti di informazione. I compagni di partito interpretano il mio gesto come un atto di intimidazione. In realtà, chi era allora accanto a me può testimoniare senza timore di essere smentito che l'immagine che sarebbe diventata il simbolo di quella giornata campale fu del tutto inintenzionale, frutto solo della mia inguaribile sbadataggine.

Negli ultimi minuti prima dello *show-down* si rasenta il dramma. I parlamentari riuniti in Sala Koch continuano ad acclamare a furor di popolo la sfiducia, quando il capogruppo Schifani comunica al Cavaliere che non avrebbe pronunciato la dichiarazione contro il governo e lo mette in guardia sul fatto che con ogni probabilità Enrico Letta può contare su numeri sufficienti per passare indenne dalle forche caudine di Palazzo Madama. Berlusconi, che fino a quel momento aveva fatto affidamento sui calcoli di Verdini, prende atto che per Denis vale una fulminante battuta di Fabrizio Cicchitto: ama i numeri ma non ne è riamato.

Il leader del PdL si alza in piedi in aula e annuncia a sorpresa il voto del gruppo a favore dell'esecutivo. Il premier si volta verso Alfano, seduto accanto a lui nei banchi del governo. Il labiale di Letta è inequivocabile: «È un grande!».

Il 2 ottobre rappresenta per noi una vittoria su tutta la linea, ma è evidente che lo scontro finale nel partito è soltanto rinviato. D'altra parte chiunque conosca Berlusconi sa bene che quando prende una decisione magari arriva a realizzarla attraverso percorsi più tortuosi, magari ci si avvicina per approssimazioni successive, ma non rinuncia.

Le settimane successive vedono arricchirsi la geografia interna di nuove categorizzazioni. Ai falchi e alle colombe si aggiungono i "lealisti", guidati da Raffaele Fitto, che invocano l'azzeramento delle cariche di partito, l'accentramento di tutto nelle mani del leader e successivamente un congresso. Instancabili tessitori per l'unità sono invece i "pontieri" – Maurizio Gasparri, Altero Matteoli, Paolo Romani – che fino all'ultimo mettono in campo ogni sforzo umano e politico per scongiurare una rottura. A fine ottobre, quando ormai i margini di mediazione sono ridotti al lumicino, Maurizio viene a Norcia per partecipare all'incontro annuale della fondazione Magna Carta dedicato al dialogo tra credenti e non credenti. Quel giorno, il 26, il «Corriere della Sera» pubblica una vignetta di Giannelli che raffigura tre poligoni di tiro: uno per il tiro alla quaglia, uno per il tiro al piattello, uno per il tiro al "quagliariello". Davanti a quest'ultimo sono ritratti nelle vesti di "cacciatori" Silvio Berlusconi, Daniela Santanchè e lo stesso Gasparri. Il quale coglie la palla al balzo e dichiara: «Vorrei rassicurare Gaetano, non gli sparerei mai».

Dopo la guerra-lampo sulla fiducia all'esecutivo, lo scontro si sposta interamente sul fronte interno. Quanto invece alla battaglia sulla decadenza di Silvio Berlusconi, non esistono differenze né arretramenti tra noi. Anzi, a dirla tutta, le "colombe" sono addirittura più dure e operative, anche se il tema finisce per essere utilizzato contro di loro a fini di posizionamento intestino.

Tramontata con la bocciatura in Giunta delle proposte di Augello ogni minima speranza di persuadere il Pd nel merito, ingaggiamo un duello regolamentare per rallentare la corsa del treno ed evitare almeno che la vicenda si trasformi in una precipitosa ordalia. Alla pratica si applica con solerzia, fra gli altri, il capogruppo Schifani, ex presidente del Senato e dunque profondo conoscitore della macchina e dei suoi segreti. Anch'io mi adopero per dare il mio contributo e nel provarle tutte una volta mi spingo fino al limite del consentito, in un episodio che avevo mentalmente rimosso e che il libro *La decadenza*, scritto dal presidente della Giunta del Senato Dario Stefàno e da Anna Laura Bussa, ha provveduto a ricordarmi. Succede il giorno della strage di Lampedusa, quando nel naufragio di un barcone proveniente dalla Libia perdono la vita centinaia e centinaia di immigrati. In vista del lutto nazionale proclamato per l'indomani mi salta in mente di chiedere a Stefàno di sconvocare la concomitante seduta della Giunta. Ovviamente, quando il Presidente apprende dal ministro dell'Istruzione Maria Chiara Carrozza che le scuole avrebbero onorato la giornata con un semplice minuto di silenzio, vengo respinto con perdite.

Tra norme del regolamento e arti diplomatiche, in quelle settimane diamo sfogo alla più sfrenata fantasia. Fa scuola per me un insegnamento di Fedele Confalonieri: «Un giorno, un mese, un anno». Il tempo è sempre un alleato prezioso da guadagnare: mentre trascorre, può accadere di tutto.

Accade, per esempio, che la Corte d'Appello di Milano ricalcoli in due anni l'interdizione a carico di Silvio Berlusconi, il che rende ancora più evidente l'assurdità di una legge, la Severino, che a prescindere dalla durata della pena accessoria avrebbe reso il Cavaliere incandidabile per il triplo del tempo (sei anni). La novità mi fa venire un'idea piuttosto ingenua, che lancio qualche giorno dopo in un'intervista a «La Stampa»: immagino che se Berlusconi rinunciasse a ricorrere in Cassazione contro il pronunciamento della Corte d'Appello, una volta scattata la pena interdittiva si potrebbe dare battaglia in Senato affinché il voto sulla decadenza venga espresso sulla base dell'interdizione dai pubblici uffici e non della legge Severino. Difficilmente l'esito della votazione sarebbe diverso, ma mi convinco che se il leader del centrodestra venisse dichiarato decaduto per la sola interdizione si potrebbe aprire un nuovo spazio per puntare all'immediata riacquisizione dei suoi diritti politici una volta scontata la pena. Due anni (al massimo) contro sei anni non mi sembra una differenza da poco. Fin da subito mi rendo conto che si tratta di un tentativo disperato, ma in seguito capisco anche che l'idea di non fare ricorso è a dir poco naïf, se non proprio balzana.

Nel frattempo la divergenza politica interna al PdL assume i connotati di una estenuante contesa procedurale. Tra fughe in avanti e cautele estreme si cerca di determinare la consistenza dei vari schieramenti, ma il già annunciato ritorno a Forza Italia pone il problema di come fare a misurarsi: nel limbo tra le regole di un partito in via di liquidazione e quelle di una nuova formazione politica ancor più centralizzata, la situazione appare confusa ai limiti dell'inestricabile.

In questo clima, per il 25 ottobre viene indetto l'ufficio di presidenza che avrebbe sancito la sospensione delle attività del PdL in vista del ritorno a Forza Italia, da formalizzarsi in una successiva riunione del consiglio nazionale del partito. Visto il contesto conflittuale e la delicatezza delle decisioni da assumere, la convocazione dell'ufficio di presidenza viene diramata attenendosi rigidamente alle norme statutarie. Restano esclusi parlamentari del calibro di Fabrizio Cicchitto e Maurizio Gasparri, oltre ai rappresentanti del PdL al governo. La mossa chiaramente non aiuta a stemperare la tensione, e a poco a quel punto serve l'assicurazione da parte di Silvio Berlusconi che l'invito sarebbe stato esteso al di là della platea regolamentare degli aventi diritto al voto. L'esito della riunione è già scritto, le decisioni sul passaggio a Forza Italia già prese. Partecipare significherebbe solo gettare altra benzina sul fuoco.

Il Cavaliere ci invita a pranzo – me e gli altri ministri – ed è in quella sede che decidiamo di comunicargli, per dirla con le parole di Alfano, che «il nostro contributo all'unità» sarebbe stato non prendere parte all'ufficio di presidenza. È il primo gesto diretto di rottura. Psicologicamente pesa. Angelino accompagna il desinare con una lunga conversazione sullo scibile umano, col chiaro scopo di sfiancare l'interlocutore. Dopo pranzo riesce nell'intento, ed è solo quando Berlusconi si concede una siesta che riesce a dirgli ciò che deve. Quando solo i muri sono rimasti ad ascoltarci, lasciamo agli atti la nostra decisione di non partecipare alla riunione. Non saremo i soli a farlo, nel disperato tentativo di evitare che tutto vada in frantumi.

Gli eventi che nel frattempo si accavallano fuori dal nostro perimetro non sono certo d'aiuto. In Senato si va dritti verso la decisione di far svolgere a scrutinio palese la votazione sulla decadenza di Berlusconi: un fatto inaudito. Matteo Renzi dalla Leopolda alza ulteriormente l'asticella della sua offensiva contro il governo Letta. Il premier prodiga ogni sforzo per fornirci assist sul piano programmatico ma, commettendo a mio avviso un errore esiziale, continua a tenersi alla larga dalla contesa sul caso Berlusconi.

In quei giorni decido di parlargli apertamente. Dico a Enrico che se vuole salvare la situazione deve prendere in qualche modo le distanze da ciò che sta accadendo in Senato, magari pronunciandosi sul tema collaterale del voto palese la cui gravità oggettiva è sotto gli occhi di tutti. Lui mi risponde con lo sguardo rivolto alla sua parte politica. Mi dice che il massimo che può consentirsi è non prendere parte agli eventi, ma non può arrivare a contrastarli perché questo avrebbe destabilizzato la sua comunità di riferimento. È un passo che non avrebbe compiuto, a costo di veder cadere il suo governo.

Ci lasciamo così, ognuno con le proprie opposte convinzioni. La mia era che il suo governo sarebbe prima o poi caduto perché minato alle fondamenta da quella omissione.

Mentre la guerriglia quotidiana continua, la convocazione del consiglio nazionale del PdL per l'ufficializzazione del ritorno a Forza Italia, appuntamento che si annuncia come teatro dello scontro finale, viene anticipata dall'8 dicembre (stesso giorno delle primarie del Pd) al 16 novembre. Con ogni evidenza non è un segnale di pace. Mi convinco, e lo dico apertamente in un'intervista al «Quotidiano Nazionale», che qualcuno fra i nostri avversari interni non vuole correre nemmeno il rischio che si raggiunga un accordo e per questo prova ad accelerare la resa dei conti.

Il giorno prima di quel passaggio cruciale Berlusconi invita a pranzo la delegazione ministeriale. Il convivio va avanti per ore. Il Cavaliere mette in campo tutte le sue armi di seduzione per tentare di convincerci che la svolta dell'indomani non avrebbe comportato la caduta del governo e, soprattutto, che la nuova Forza Italia non avrebbe rappresentato un arretramento né formale né sostanziale rispetto all'esperienza del PdL.

Terminato il pasto ci spostiamo nel salotto, e lì fissiamo come possibile compromesso la convocazione di un nuovo ufficio di presidenza, aperto alla nostra partecipazione, e l'approvazione di un testo scritto, in gestazione dal giorno precedente, che tenga insieme le diverse posizioni.

Durante l'incontro Berlusconi esce due volte dalla stanza per consultare la fazione avversa. I miei colleghi uno a uno lasciano Palazzo Grazioli dove restiamo soltanto io e Nunzia. Dopo un po' anche lei si allontana e restiamo soli, Berlusconi ed io. Sintetizzo l'esito della lunga trattativa in un documento sul quale entrambi apponiamo la nostra sigla. In sostanza si fissano tre punti: che nel nuovo partito sarebbe stata riconosciuta la legittimità di posizioni diverse, ovviamente ciascuna con il proprio peso specifico; che avremmo lottato con tutte le nostre forze a difesa del nostro leader ma questo non avrebbe comportato automaticamente l'apertura di una crisi di governo; che i rapporti interni sarebbero stati disciplinati dalla regola della maggioranza e della minoranza, per cui la seconda (presumibilmente noi) si sarebbe adeguata alle decisioni della prima.

Mentre discutiamo Berlusconi riceve una telefonata di Fitto, piuttosto concitata, di cui ascolto il contenuto. Secondo Raffaele, accettare quel documento avrebbe significato per il Cavaliere rinunciare alla leadership carismatica del suo movimento. Chiusa la conversazione Berlusconi osserva: «Al di là dei toni poco urbani con i quali ha espresso il suo parere, non posso dargli torto». Io gli dico ciò che penso: che in quella fase così difficile il suo maggior successo sarebbe tenere insieme le differenti anime del partito, non diventare il capo di una delle due. Mi assicura che avrebbe approfondito con la controparte. Ci diamo appuntamento telefonico alle ore 19: il segnale di fumo sarebbe stato la convocazione-lampo dell'ufficio di presidenza per approvare il documento sul quale ci eravamo accordati.

Mi accompagna all'ascensore, ci abbracciamo e mi lascia con queste parole: «In ogni caso, buona fortuna». Ho sempre pensato che dentro di sé avesse già preso una decisione.

Lasciato Palazzo Grazioli torno al ministero, dove riferisco gli eventi del pomeriggio ai parlamentari vicini alle nostre posizioni che da ore mi attendono assiepati. Una minoranza di loro fa il tifo perché l'accordo vada a buon fine. La maggioranza è invece terrorizzata dall'idea e ormai convinta dell'ineluttabilità di una separazione.

Non resta che aspettare l'orario convenuto. Mentre il ticchettio dell'orologio segna nervosamente il trascorrere del tempo, Denis Verdini avverte Roberto Formigoni che non ci sarebbe stato alcun ufficio di presidenza. Alle 19:01 l'agenzia Ansa, citando anonime fonti del partito, conferma la notizia.

Decido in ogni caso di mettermi in contatto con Berlusconi. Mi chiudo nella mia stanza e prego la segreteria di passarmi al telefono "il presidente", senza ulteriori specificazioni. Dopo qualche istante mi ritrovo in linea non con Palazzo Grazioli ma con il Quirinale. All'altro capo c'è il Presidente della Repubblica, io non so cosa dire e improvviso una supercazzola. Invento di chiamare da parte di Alfano, occupato da un impegno inderogabile, per comunicare il fallimento di ogni trattativa e l'imminente scissione del Popolo della Libertà. Napolitano, un po' stupito di quella strana telefonata, mi dice che ne prende atto.

Quando riaggancio la cornetta, leggo le agenzie di stampa e capisco che non c'è più bisogno di chiamare Berlusconi. Il dado è tratto. Ci spostiamo tutti a Palazzo Santa Chiara dove Angelino Alfano, unico e ultimo segretario del PdL, annuncia la nascita del Nuovo Centrodestra.

12.

Enrico stai sereno

Uno dei fattori istituzionali che avevano consentito al governo Letta di nascere e alla situazione di trovare un suo equilibrio era stato il vuoto di potere determinatosi al vertice del Pd dopo le dimissioni di Pier Luigi Bersani. Era stato questo vuoto a permettere di trovare una sintesi sulla figura del giovane premier, e sempre questo vuoto aveva portato il Capo dello Stato a svolgere una sorta di *tutorship* nei confronti dell'esecutivo, sulla base di quel modello "a fisarmonica" con cui la Costituzione italiana delinea i poteri del Presidente della Repubblica: essi si dilatano quando gli altri attori politico-istituzionali sono in crisi, e si contraggono quando questi sono in grado di svolgere appieno le proprie funzioni. La celebrazione delle primarie e l'imminente nomina di un nuovo segretario alla guida del Pd avrebbe rappresentato insomma un elemento di oggettivo indebolimento della posizione del governo.

Rispetto al momento in cui l'esecutivo aveva visto la luce, il quadro politico di riferimento appariva dunque completamente cambiato. Nel centrodestra a fine novembre era venuto meno il sostegno di Forza Italia e a suggellare il carattere emergenziale e trasversale di quella compagine di unità nazionale – oltre al programma di riforme – era la presenza di un nuovo partito oggettivamente meno forte rispetto a quello che inizialmente aveva appoggiato il governo. Sul versante del centrosinistra, con le primarie dell'8 dicembre si sarebbe riempito il vuoto di potere determinato dall'uscita di Bersani dalla segreteria.

A fronte di questo scenario in movimento, a me appariva chiara la necessità che l'esecutivo rafforzasse la propria autonoma iniziativa politica, e mi sembrava altrettanto evidente che questa iniziativa, nei limiti delle competenze governative, dovesse investire il terreno delle riforme. Anche per questo avevo accelerato i tempi dell'istruttoria affidata alla commissione degli esperti, arrivando a pubblicare gli atti dei lavori preparatori e la relazione finale con un sostanzioso anticipo.

D'altronde, nel corso dell'intera estate i segnali che la costruzione iniziale non reggesse più non erano mancati. Renzi, indicato da tutti come il vincitore certo delle primarie del Pd, aveva fatto di Enrico Letta un bersaglio costante delle sue invettive, e del lavoro del governo sulle riforme l'oggetto privilegiato del suo sprezzante sarcasmo. Era arrivato persino a rappresentare le riunioni dei professori come l'allegra scampagnata di un gruppo di scioperati che non avevano nulla di meglio da fare che perdersi in inutili discussioni.

Insomma, in autunno le avvisaglie di un imminente *redde rationem* ci sono già tutte. Nonostante ciò, il premier si fida. Aveva accordato al segretario del Pd *in pectore* la sua mancata candidatura al congresso e una benevola neutralità in vista delle primarie, ottenendo in cambio rassicurazioni su una futura distinzione dei ruoli: Letta si sarebbe occupato del governo, Renzi del partito. E in questo nuovo equilibrio è comprensibile che il nuovo inquilino di largo del Nazareno voglia svolgere un ruolo preminente nel campo delle riforme.

Quanto diversa sia la valutazione degli eventi tra me ed Enrico mi appare chiaro quando, subito dopo l'uscita di Forza Italia dalla maggioranza, sollecito la definizione di un nuovo iter per portare avanti la revisione costituzionale. L'ipotesi iniziale di far lavorare congiuntamente le commissioni di Camera e Senato è ormai impraticabile. Quel percorso richiederebbe infatti una deroga all'articolo 138, da varare attraverso una legge costituzionale. La legge è già stata approvata in tre successive letture parlamentari con una maggioranza superiore ai due terzi. Manca soltanto il quarto e ultimo passaggio per raggiungere il traguardo, ma è evidente che il venir meno dei voti di Forza Italia impedirebbe il raggiungimento della maggioranza qualificata, in assenza della quale potrebbe essere richiesto il referendum che, per una questione di tempi, sostanzialmente vanificherebbe ogni sforzo.

Alla luce di questa nuova situazione propongo di presentare come governo un disegno di legge che recepisca le indicazioni dei "saggi", da rimettere al Parlamento, cercando preventivamente il più ampio coinvolgimento e facendoci carico di un ruolo sostanziale di collegamento tra il lavoro istruttorio e l'avvio dell'iter nelle commissioni parlamentari. In un primo momento Enrico Letta mi incoraggia ad andare avanti. Il Pd è ancora in regime di trono vacante.

Alla vigilia della data fissata per l'approvazione del disegno di legge di riforma in Consiglio dei Ministri, salgo al Quirinale insieme a Dario Franceschini per illustrarne i contenuti al presidente Napolitano. La nuova strada sarebbe stata certamente meno spaziosa e più contorta di quella immaginata all'inizio. Ma soltanto la perseveranza nel percorso delle riforme avrebbe legittimato nel nuovo equilibrio la prosecuzione di quell'esperienza di governo.

La sera ricevo una telefonata da Palazzo Chigi. «Gaetano, ci ho ripensato», è in sostanza il messaggio che mi arriva dal Presidente del Consiglio. «Presentare ora il disegno di legge sarebbe un atto di scortesia nei confronti del segretario del Pd che sarà eletto a breve. Mancano pochi giorni alle primarie. Il testo lo presenteremo subito dopo. Dario è d'accordo con me. Avvertirò io il Capo dello Stato e gli spiegherò le ragioni del differimento». Rispondo a Enrico con sincerità: comprendo le ragioni di stile ma, così facendo, avrebbe dato l'impressione di bloccare l'iniziativa del governo esponendo il fianco alle critiche di Renzi che d'altro canto già non erano mancate. In ogni caso, per quanto a malincuore, ubbidisco.

L'8 dicembre 2013 Matteo Renzi vince trionfalmente le primarie del Partito Democratico. Come primo atto l'esame della legge elettorale viene sottratto al Senato, dove i numeri richiedono l'apporto di diverse forze politiche, e viene trasferito alla Camera, dove il Pd grazie al premio (incostituzionale) conferitogli dal Porcellum può fare da solo il bello e il cattivo tempo. L'antifona non è chiara: è chiarissima.

Con l'insediamento di una nuova segreteria al vertice del principale partito di maggioranza si prospetta una verifica che avrebbe dovuto portare a un rilancio dell'iniziativa del governo e all'ingresso in squadra di ministri di area renziana. Enrico me ne parla. Mi spiega che l'accordo prevede una sostanziale divisione dei compiti: l'esecutivo avrebbe affrontato l'emergenza economica, mentre alle materie politico-istituzionali si sarebbe applicato principalmente il nuovo inquilino di largo del Nazareno.

Metto in guardia il Presidente del Consiglio. Non so in che modo, ma non bisogna consentire al segretario del Pd di bloccare l'attività dell'esecutivo così com'era accaduto con le riforme. Il gioco di Renzi è semplice: chiede di non procedere con le iniziative di governo con la scusa di voler trovare prima un accordo, e poi attacca il governo accusandolo di immobilismo. Cinico e sleale.

Ma del resto per me è piuttosto facile guardare le cose con distacco: non si tratta del mio partito, non si tratta del mio segretario, non si tratta della mia comunità di appartenenza. Raccogliendo i ricordi per la stesura di questo libro, mi sono accorto di aver inflitto a Enrico Letta in quel periodo una pena accessoria: preconizzargli ogni giorno problematiche e dinamiche infauste che ovviamente vedeva benissimo già da sé ma che, a differenza mia che osservavo tutto dall'esterno, non poteva permettersi di maneggiare con altrettanta disinvoltura. La sfilza di errori che avrei commesso io nel corso della mia esperienza in Ncd mi avrebbe dimostrato che ci vuole poco a fare gli strateghi quando si guarda in casa altrui: la vera prova è quella che si affronta nel proprio recinto, e ben presto mi sarei reso conto di non poter dare lezioni a nessuno.

La situazione non è semplice. Per quanto mi riguarda, faccio presente al premier che a mio avviso nel nuovo contesto la casella delle riforme avrebbe dovuto o scomparire dal governo o essere occupata da una persona con un altro profilo politico. Gli dico di considerare il mio incarico ministeriale a disposizione, e qualche tempo dopo ribadisco pubblicamente il concetto in un'intervista ad «Avvenire». Letta mi ringrazia ma mi invita ad attendere: le cose si sarebbero compiute a tempo debito e comunque non avrebbe dimenticato la mia disponibilità.

Si apre in quel momento la fase di logoramento che avrebbe portato, non molto tempo dopo, alla caduta dell'esecutivo. C'è chi ancora oggi si ostina a sostenere, Renzi *in primis*, che tutto ciò non fosse premeditato. Personalmente resto convinto del contrario.

La sequela di dichiarazioni rilasciate in quel periodo dal segretario del Pd e dalla sua cerchia di fedelissimi per indebolire il governo è impressionante. Soprattutto è impressionante il combinato disposto tra parole, opere e omissioni. Da un lato si invoca ossessivamente un "cambio di passo"; dall'altro, di fronte all'esigenza che il principale partito di maggioranza si assuma la sua aliquota di responsabilità, si fa spallucce trincerandosi dietro lo slogan dei "giochi di palazzo" dai quali il "rottamatore" dice di volersi tenere alla larga. Renzi rivendica il suo ruolo di principale azionista del governo solo per frenare e per distruggere. Quando si tratta di costruire, puntuale arrivava il "benaltrismo" come comoda scusa per non sporcarsi le mani.

Sul fronte delle riforme, il cerchio si chiude definitivamente con il patto del Nazareno. Non si è mai capito se questo patto avesse solo forma orale o anche scritta; se esso fosse appuntato su un foglio vergato da Denis Verdini, il quale da grande tessitore aveva sempre apertamente puntato su Renzi convinto che il centrodestra ne avrebbe ricavato un vantaggio; se, infine, comprendesse o meno l'impegno a concordare il nome del futuro inquilino del Quirinale. Quel che è certo è che quell'accordo, sul piano della riscrittura condivisa delle regole, e per quanto paradossale fosse che ciò avvenisse per mano di colui che aveva decretato il "Berlusconi game over", sanava in qualche modo il vulnus determinatosi a seguito della decisione del Pd di utilizzare la legge Severino per espellere dal Parlamento il leader del centrodestra, e riannodava i fili della necessaria unità nazionale per varare il nuovo patto costituzionale. Per noi di Ncd, che in nome di quel patto avevamo vissuto una dolorosa divaricazione dalla nostra storia, si trattava in qualche modo anche di un riconoscimento *ex post* delle ragioni che ci avevano portato a compiere quel passo e a evitare al Paese una crisi al buio, terreno sul quale l'allora PdL si era così profondamente diviso.

Siamo all'inizio del 2014. La novità rappresenta una *chance* di riserva per l'Italia, un grande problema di posizionamento per il mio partito e – *de minimis* – un ostacolo insormontabile per la mia permanenza alla guida del ministero. È evidente che con l'incontro del Nazareno si apre una nuova stagione per le riforme e che il mutato equilibrio non può essere garantito da chi, per ragioni differenti, non gode della fiducia politica di nessuno dei due contraenti del patto.

L'insostenibilità della situazione a me è molto chiara, e lo diviene ancor di più durante una puntata di "Porta a Porta" della quale sono ospite insieme a Maria Elena Boschi, nominata da Renzi responsabile per le riforme della segreteria del Pd. Tecnicamente siamo alleati di governo, nella sostanza mi trovo a contrastare gli attacchi di un'avversaria. Al di là della coda ridicola della vicenda, con Renzi che si sarebbe poi lamentato con Alfano perché a suo dire io in trasmissione sarei stato troppo duro con la mia interlocutrice, il clima è piuttosto eloquente.

A me pare che la soluzione più saggia sia rimettere sostanzialmente l'iter delle riforme al Parlamento evitando un ruolo preminente da parte del governo. Per diversi motivi. Perché l'accordo tra Renzi e Berlusconi non prevede l'ingresso di Forza Italia nell'esecutivo né nella maggioranza che lo sostiene. Perché la ragione principale che aveva determinato la nascita di Ncd – e cioè la salvaguardia del percorso riformatore e la ricerca in nuove regole di una più forte coesione nazionale – era venuta meno. Infine, perché il rientro in gioco di Forza Italia consente alle riforme di riprendere la vasta strada principale in luogo del viottolo tortuoso che sembravamo destinati a dover faticosamente percorrere, e questa dinamica merita di essere agevolata.

La sera del patto del Nazareno la mia intenzione di uscire dal governo per facilitare la parlamentarizzazione delle riforme condivise diviene una certezza. Inizio allora a scrivere la lettera aperta che avrei reso pubblica poco prima di lasciare il ministero. Certo, la fase che si apre è tutt'altro che semplice da gestire, soprattutto da parte di Forza Italia che diviene al contempo partito di lotta e di governo. Mi convinco tuttavia che quel passaggio possa rivelarsi positivo per il nostro Paese e mi illudo che il neosegretario del Pd, da una posizione di indiscutibile forza, intenda veramente spendere le sue energie per coltivare quell'accordo, lasciando a Enrico l'onere di governare.

Gli eventi dei giorni successivi puntualmente mi smentiscono. Da qualche tempo il dibattito politico ruota attorno a "Impegno Italia 2014", un documento programmatico che avrebbe dovuto sancire il rilancio dell'attività di governo. Presto mi diventa chiaro che l'unico a credere sinceramente in quella prospettiva è il premier. La sua segreteria chiede ai ministri e alle forze politiche di maggioranza le proposte da far confluire nel dossier. Forse perché io e i miei collaboratori ci sentiamo già in vacanza, siamo gli unici o quasi a ottemperare.

Il 20 gennaio, nel corso di una direzione del Pd, Renzi presenta e fa approvare una proposta di legge elettorale: la prima versione dell'Italicum. Il giorno successivo, ancora nella veste di ministro delle Riforme, espongo in Commissione alla Camera le ragioni per le quali a mio avviso il modello renziano è sostanzialmente incostituzionale. Ne segue uno scontro con Alfano, che mi chiede prudenza.

Durante il successivo Consiglio dei ministri sollecito una discussione sul testo. Non perché il governo debba prendere una posizione attiva sulla legge elettorale, ma perché in ogni caso una posizione deve averla, non fosse altro che per poter esprimere i pareri di rito durante l'esame in Parlamento. Letta mi assicura la convocazione di un Consiglio dei ministri *ad hoc* prima che l'iter della legge elettorale in Commissione arrivi alla fase in cui è proceduralmente richiesto l'intervento dell'esecutivo.

Mentre l'Italicum approda con ampie falcate all'esame dell'aula di Montecitorio, di direzione Pd in direzione Pd Matteo

Renzi continua a imporre il rinvio del documento con il nuovo patto di governo, fino a farlo sparire dall'ordine del giorno. Nel frattempo conquista il sostegno di buona parte della sinistra del partito. Agli atti da qualche settimana c'è già l'hashtag destinato a passare alla storia: #enricostaisereno.

Il 12 febbraio il Presidente del Consiglio convoca una conferenza stampa e presenta da solo il dossier "Impegno Italia 2014" che non aveva mai potuto vedere la luce. Letta invita Renzi a giocare a carte scoperte e, già che c'è, risponde con altro hashtag: #iosonoserenoanzizen.

A Palazzo Chigi le stanze del vice-premier e l'appartamento del primo ministro comunicano attraverso una grande sala comune che spesso ospita colazioni di lavoro. Poco distante, alle spalle di una porta, vi è il luogo dove il Presidente del Consiglio consuma ordinariamente i suoi pasti.

Nei dieci mesi di vita del governo gli uffici di Angelino presso la presidenza avevano svolto anche la funzione di quartier generale dei ministri del centrodestra. Con discreta frequenza, specialmente nel primo periodo, accadeva che all'ora di pranzo Alfano e Lupi attraversassero la porta per riunirsi in conclave con Letta e Franceschini. Talvolta a queste colazioni partecipavo anche io, invitato direttamente da Enrico.

Nei giorni finali della crisi divento ospite fisso, mentre le presenze di Angelino e Maurizio si diradano. In uno degli andirivieni da Palazzo Chigi incontro in ascensore Monica Nardi, strettissima collaboratrice del premier. Alla sua occhiata piena di interrogativi su ciò che accadrà non so rispondere. «Sto vedendo cose in questi giorni che non avevo mai visto in vita mia», è tutto quello che riesco a dire. E in effetti è così.

In particolare mi trovo a pranzo con Letta il giorno prima della sua conferenza stampa solitaria. La sera precedente si era svolto un vertice al quale avevano preso parte Renzi, Franceschini, Alfano, Lupi e lo stesso premier. Non era andato bene, o quantomeno Enrico non ne era soddisfatto, dal momento che sul programma per il 2014 era stato chiesto un ulteriore rinvio e sulla ridefinizione della compagine di governo, che avrebbe dovuto garantire un più diretto coinvolgimento dei renziani, ancora una volta non si era trovata la quadra.

Quel pranzo a due diventa anche l'occasione per una lettura retrospettiva degli eventi di quegli ultimi mesi, e ancora una volta non mi trattengo dal dire tutto ciò che penso. Penso che quello di Renzi era stato un disegno cinico, lucido e predeterminato fin dall'inizio. Il primo tempo della sua strategia aveva riguardato le riforme: il metodo era bloccarne il cammino e addebitare al premier la responsabilità dell'impasse. In quel caso aveva attaccato me, ma l'obiettivo era chiaramente il governo che Enrico presiedeva. Nella seconda fase lo stesso identico schema era stato applicato all'azione di governo nel suo complesso.

Il minuetto andava avanti da novembre. Fino a quel momento l'esecutivo aveva trasmesso l'immagine di una forza tranquilla, nonostante le turbolenze intensissime che avevano squassato il centrodestra; dopo la "cura" renziana sembrava una macchina ingolfata, incapace di proseguire. Lo stallo era dovuto all'ostruzionismo strisciante messo in atto dall'ex sindaco di Firenze, prima come segretario del Pd *in pectore* e poi come segretario in carica, ma la colpa era stata interamente addossata al Presidente del Consiglio.

Penso anche, e lo dico a Letta, che in virtù di quei poteri "a fisarmonica" che avevano agevolato la formazione dell'esecutivo in un momento di vuoto politico, a mio avviso la presenza di un segretario in carica al vertice del Pd avrebbe inevitabilmente ridotto lo spazio di azione del presidente Napolitano e l'efficacia di qualsiasi ombrello protettivo a copertura di quelle larghe intese nate fragili e ora neanche più larghe.

Per la prima volta Enrico ammette di dover prendere atto, suo malgrado, di quale perversa logica avesse guidato gli eventi mentre lui insisteva a leggerli con gli occhi della buona fede. È pronto a reagire. Mi assicura che se Ncd è disponibile a dare battaglia, lui è disposto a contrastare questo schema e a opporsi al disegno renziano, costi quel che costi.

Ho un sussulto, persino un moto di speranza. Ma poiché, come già detto, è sempre più facile vedere quel che accade in casa d'altri piuttosto che accorgersi di ciò che avviene sotto il proprio naso, dopo aver avuto facile ragione sull'esito al quale ci avrebbe condotto la strategia del segretario del Pd, inizio solo in quel momento ad avere la sgradevole sensazione di essermi perso qualche passaggio di ciò che era andato maturando al vertice del mio piccolo partito. Prudentemente rispondo a Enrico Letta che qualsiasi determinazione deve passare per una consultazione con Alfano. Fosse per me, avrei dato battaglia da un pezzo. Ma già Ncd nasce da una scissione, non so quanta fortuna avrebbe rompere ulteriormente le righe e divaricare le posizioni.

Prometto comunque a Enrico che avrei compiuto una verifica e gliene avrei riferito gli esiti.

In questi anni ho ripensato più volte a quel pranzo e a quella conversazione. So bene di aver commesso tanti errori in una fase certamente difficile. Se dovessi retrospettivamente indicarne le cause, oltre a una certa dose di ingenuità, ne individuerei soprattutto due: la tendenza ad avvertire indebitamente con troppa frequenza il peso del mondo sulle spalle, e la convinzione che Ncd fosse nato su basi comunitarie più solide e non fosse la proiezione di un progetto legato a delle spinte fondamentalmente personali.

Di certo uno di quegli errori lo commisi quel giorno. Sostanzialmente frenai Letta anziché incoraggiarlo. L'opinione che avevo allora di Renzi non era ai livelli di oggi, ma avevo già visto abbastanza per capire che avremmo dovuto fare di tutto per provare ad arrestare la sua resistibile ascesa.

In ogni caso, quasi per dovere d'ufficio, assolsi il compito che avevo assunto.

La scena si svolge negli uffici del ministero dell'Interno. Riferisco ad Alfano il contenuto della mia conversazione con Enrico Letta e gli chiedo se ritiene possibile intraprendere la battaglia. Angelino mi risponde legandomi al vincolo della riservatezza, che non credo di tradire oggi dal momento che gli eventi si sono abbondantemente consumati. Mi dice che la situazione si è incancrenita, che c'è bisogno di una ripartenza, che urge un cambio sostanziale al governo e che Renzi può farsi carico di questa esigenza.

Io esterno le mie remore sul personaggio. Chiedo ad Alfano se si rende conto di quanto diverso sia il nostro rapporto anche personale con Letta rispetto a quello che potremmo avere con un uomo come il segretario del Pd. Gli domando infine se pensa di poter garantire nel nuovo assetto, con un interlocutore del genere, il ruolo politico di Ncd al di là della contrattazione sui posti di governo.

Angelino si dichiara perfettamente consapevole del diverso spessore umano del premier che sta per essere disarcionato, ma altrettanto persuaso che in termini politici non si possa prescindere dal nuovo inquilino del Nazareno. Mi parla di lui con accenti allo stesso tempo affascinati e diffidenti. Si dice convinto che Matteo Renzi sarebbe stato il protagonista di una nuova fase della politica italiana, che da lì si sarebbe dovuti passare e che con lui sarebbe stato possibile stringere un patto di lunga durata con la ragionevole certezza che lo avrebbe rispettato.

Non taccio le mie perplessità. Dal punto di vista politico quella scelta avrebbe aperto per noi una strada difficile che ci avrebbe imposto, per poter sopravvivere, un'attitudine "craxiana": stare al governo ma pungolarlo dall'interno, alzare la posta, intestarci battaglie e vittorie. Un compito gravoso per assolvere il quale c'è bisogno di strumenti caratteriali e politici di cui non sono convinto che noi disponiamo.

Angelino mi lascia parlare senza ribattere, ma mi accorgo che considera le mie le osservazioni di un ingenuo.

Prendo definitivamente atto in quel momento che il governo Letta volge al termine, e che il mio partito si accinge a sostenere l'esecutivo guidato da Matteo Renzi. Qualcosa di quel che penso lo lascio trapelare nella lettera-consuntivo che affido al sito del ministero. A Enrico non riferisco l'esito di quella conversazione. Non ce n'è bisogno. Avrebbero parlato i fatti dei giorni successivi.

13.

Una carezza in un pugno

A una visione retrospettiva, il passaggio dal governo Letta al governo Renzi è la fase nella quale penso di aver commesso il maggior numero di errori politici. Ricostruirla fa male perché in politica l'ingenuità non è mai una giustificazione, semmai un'aggravante.

Come già detto, mi ero accorto ancor prima di Enrico che il suo esecutivo andava a morire. Sotto banco, ma nemmeno troppo, si stava saldando un altro patto. Per portare a compimento il suo disegno l'ex sindaco di Firenze aveva incontrato la disponibilità, se non l'entusiasmo, del mio partito ma ancor più di una consistente parte della sinistra del Pd.

A me Renzi non è mai piaciuto. Nondimeno, ritenevo che il recupero di Forza Italia desse in qualche modo ragione alla linea che ci aveva condotto al doloroso strappo della scissione. Quello che nasceva poteva per certi versi essere considerato un governo di unità nazionale più di quanto non lo fosse stato il governo di Enrico Letta nella sua ultima fase, dopo l'Aventino di Forza Italia. Si prospettava una nuova opportunità per edificare insieme le fondamenta di un rinnovato sistema istituzionale.

Con gli azzurri avremmo agito da fratelli separati: noi nella maggioranza di governo, loro nella maggioranza allargata che appoggiava il cammino delle riforme. Avremmo dovuto sommare le nostre influenze per marcare il distinguo dalla sinistra e dal Pd, e lavorare ogni giorno per ricucire lo strappo. Il compito non sarebbe stato facile ma giunti a quel punto, nella situazione nella quale si trovava il nostro Paese, una scelta diversa avrebbe probabilmente rappresentato una smentita del passo che con sofferenza avevamo compiuto.

Dal governo Letta Ncd esce con quattro ministri (Nunzia De Girolamo aveva rassegnato le dimissioni per una vicenda che l'avrebbe poi vista sollevata da ogni addebito). Nella nuova compagine i posti a disposizione sono tre. Qualcuno deve farsi da parte.

Io avevo già immaginato di lasciare il ministero perché nel mutato contesto non sarei stato la persona più indicata per gestire le riforme, e soprattutto ritengo che alla luce della nuova posizione di Forza Italia il percorso di revisione costituzionale debba svolgersi tutto in Parlamento. Aggiungo che, come già si sarà capito, col nuovo presidente del Consiglio non ho una particolare empatia, e che, infine, c'è da compiere un lavoro di ricucitura nel campo del centrodestra al quale mi sarei dedicato volentieri.

Tutte queste ragioni mi spingono con naturalezza a fare un passo indietro. Al momento di discutere fra noi per decidere chi debba rinunciare, non ho remore a candidarmi. Anche perché i miei colleghi di delegazione – Alfano, Lupi e Lorenzin – sono ancora titolari di ministeri che in quel momento controllano; io oggettivamente no. Inoltre qualcuno deve pur tirare la carretta del nuovo partito. Non sono particolarmente portato per l'organizzazione, a casa mia dubitano persino che sarei in grado di gestire un guardaroba, ma sono convinto che la politica, quando è fatta di passione, sia anche esercizio di umiltà. E un'avventura è tale se ti metti alla prova e ti impegni su territori ignoti.

Ricordo benissimo la riunione sul tema. Insieme a noi ministri uscenti ci sono Fabrizio Cicchitto e Renato Schifani. Nella stanza aleggia un comprensibile imbarazzo che la mia dichiarazione spontanea – «esco io dal governo e mi dedico a organizzare il partito» – scioglie quasi per incanto. I volti degli altri si distendono e la proposta viene accolta con entusiasmo. Nella stessa occasione prego Angelino di riferire al Capo dello Stato la soluzione individuata, e soprattutto di avanzare la richiesta che nel nuovo esecutivo non sia previsto un ministro delle Riforme. Non certo per un attacco di megalomania, né perché penso che dopo di me ci sia il diluvio: semplicemente nel nuovo quadro, con Forza Italia che appoggia le riforme senza entrare nella maggioranza né far parte dell'esecutivo, sono convinto che sganciare la revisione costituzionale dalle dinamiche governative agevolerebbe non poco il percorso in Parlamento. Del resto, alla stessa conclusione ero giunto quando ancora era in carica il governo Letta e dunque il ministero da cancellare sarebbe stato il mio.

Ricevo sul punto le più ampie rassicurazioni e con la stessa enfasi mi viene garantito che avrei avuto piena libertà di iniziativa come coordinatore nazionale di Ncd, anche per riequilibrare la proiezione governativa del partito.

Alle prese con un personaggio come il nuovo premier, se non ci fossimo dotati di un profilo politico autonomo, audace e anche aggressivo saremmo morti. A me pareva evidente, e ingenuamente credetti che lo fosse anche per i miei compagni di partito. Non ebbi la malizia di sollecitare la formalizzazione di documenti politici o clausole statutarie a garanzia delle rassicurazioni ricevute. Ritenevo che il nostro patto politico fosse solido perché cementato dagli ostacoli e dalle difficoltà che insieme avevamo affrontato e che avevamo insieme superato. Pensavo che il vissuto fosse più importante di qualsiasi accordo scritto. E questa convinzione non venne scalfita neppure il giorno nel quale uscì la lista dei ministri e puntualmente giunse la prima smentita: un ministro delle Riforme c'era eccome.

Sono sincero: non soffrii affatto la perdita del ruolo. Non la avvertivo come una "diminutio". Mi sono chiesto il perché, dal momento che il sentimento contrario sarebbe stato più che naturale. E in fondo credo che – al di là dell'idiosincrasia nei confronti del nuovo premier, che rendeva oggettivamente meno attrattiva l'idea di frequentare il Consiglio dei ministri – il motivo principale risiedesse nella sbornia di letteratura e memorialistica gollista che ho fatto al tempo in cui, ricercatore universitario in servizio permanente effettivo, ho scritto il mio libro su de Gaulle. Quei *compagnons* (gli amici della prima ora del Generale), tutti senza eccezione, descrivevano la loro esperienza politica come un'avventura appassionante, la missione che aveva dato senso a una vita. Mi era chiaro che non ci fosse alcun de Gaulle nella nostra vicenda ma nondimeno, romanticamente, ritenevo che l'esperienza collettiva valesse assai più dei curricula dei singoli. Mi sbagliavo, non era quella la cifra dell'avventura che stavo vivendo. Avrei dovuto accorgermene.

Arriviamo al giuramento del governo Renzi. Quel giorno assai carinamente Angelino, confermato ministro dell'Interno (ma non vice-premier), raduna a pranzo gli altri ministri di Ncd alle scuderie di Villa Borghese, presso le quali si trova una foresteria con una splendida vista sul parco. Invita anche me e in quell'occasione mi accorgo di essere oggetto di commiserazione da parte dei miei commensali, come se mi fosse capitata una disgrazia. Francamente me ne sfugge il motivo: quella che stiamo attraversando è solo una ulteriore svolta politica che mi induce a cambiare ruolo e a modificare la natura del mio impegno. Tutto qui. Per gli altri, evidentemente, la perdita dei galloni ministeriali è da considerarsi una sconfitta e una retrocessione.

L'indomani è il giorno del passaggio delle consegne al ministero. Avevo già conosciuto Maria Elena Boschi. Graziano Delrio me l'aveva presentata in Parlamento dopo la sua nomina a responsabile riforme del Pd nella segreteria Renzi. Poi c'era stato il duello a colpi di fioretto a "Porta a Porta", a seguito del quale Alfano ci aveva tenuto a farmi sapere che Renzi si era lamentato con lui per la presunta ruvidità con cui avevo affrontato il confronto. Infine, nei giorni della formazione del nuovo esecutivo, avevo avuto con lei una telefonata piuttosto burrascosa in merito all'accordo programmatico di governo, che io giudicavo ridicolo: si poteva anche non scimmiottare l'intesa stipulata tra i popolari e i socialdemocratici in Germania – un vero e proprio capitolato con tanto di articoli e di commi –, ma non per questo si sarebbe potuto svuotare il documento di qualsiasi contenuto e significato.

Questo è il *background* con il quale mi reco a passare il testimone al mio successore, verso cui in ogni caso nutro una istintiva curiosità. Già da quel giorno a colpirmi è il suo doppio registro: da un lato la cortesia nei modi, dall'altro una durezza di fondo che concede assai poco all'interlocutore. Anche esteriormente, le ballerine ai piedi e le scarpe acuminate che spuntano dalla borsa rendono plastica questa sensazione di ambivalenza.

Mi appare subito evidente che la sua riuscita politica o meno sarebbe dipesa dai contenuti che sarebbe stata in grado di associare a quell'indole. Se si fosse trattato di contenuti effettivi e le note caratteriali fossero state messe al servizio della salvaguardia di convinzioni profonde e princìpi non negoziabili, ci sarebbero stati i presupposti per un successo dell'intrapresa. Di contro, se la proposta fosse stata debole, superficiale e carente di significato, e la durezza utilizzata per far passare ordini di scuderia, il fallimento si sarebbe rivelato più probabile.

Per quanto mi riguarda, durante l'incontro assicuro la mia leale collaborazione, chiarisco di pretendere altrettanta lealtà e chiedo di non essere scavalcato politicamente all'interno del mio partito in una materia i cui aspetti tecnici devono prescindere dalle dinamiche politiche. A costo di apparire barboso e pedante, sottolineo che una revisione così ardita della Carta costituzionale rappresenta una svolta storica a fronte della quale è necessario essere all'altezza del compito, farsi molte domande, evitare per il possibile le furbizie e le scorciatoie.

Al termine della conversazione entrano in stanza due fra coloro che erano stati i miei collaboratori più stretti al ministero: il capo di gabinetto Raffaele Perna e il capo dell'ufficio legislativo Cristiano Ceresani. Entrambi sono consiglieri parlamentari. Raffaele è un rigoroso interprete del diritto, ha alle spalle un solido ed eclettico retroterra, ha bisogno a volte di essere politicamente orientato. Cristiano, in grado di coniugare il suo sapere tecnico con una indiscussa fantasia nel trovare soluzioni possibili, a volte deve essere politicamente "calmierato". Il neo-ministro Boschi chiede loro una eventuale disponibilità a continuare con lei il lavoro. Entrambi gliela accordano. Alcuni giorni dopo vengo a sapere che Cristiano era rimasto al ministero perché inserito nel nuovo staff, mentre a Raffaele non era stata concessa questa possibilità. Non me ne stupisco e non lo considero un buon presagio.

I segnali negativi si intensificano il giorno della presentazione del nuovo governo nell'aula di Palazzo Madama. Per me si tratta di uno shock. Renzi parla con le mani in tasca. Il discorso è di infima qualità, e non solo perché estraneo ai canoni della retorica parlamentare: se lo si va a rileggere, ancora oggi appare una bruttura non soltanto per lo stile ma anche per i contenuti. La prosopopea con la quale ci tiene a dire che sarebbe stato l'ultimo Presidente del Consiglio a chiedere la fiducia del Senato mi pare di cattivo gusto e anche scaramanticamente azzardata. Io dal mio banco scuoto la testa e qualche giornalista non manca di farlo notare.

Il passaggio alla buvette dopo la performance oratoria del nuovo Presidente del Consiglio si rivela ancora più sconvolgente. Dubito per un attimo delle mie capacità di valutazione, perché mi accorgo che quasi tutti i colleghi che incrocio, di maggioranza e di opposizione, avevano scorto in quella bruttura significati reconditi pregni di genialità. Un dilemma mi assale: o l'aura della luna di miele è così inebriante da annullare la percezione di qualsiasi difetto, oppure sono io ad essere in preda a un preconcetto che fuorvia il mio giudizio.

Evidentemente ciò che penso mi si legge in faccia al punto tale che Matteo Renzi, incontrandomi nei pressi della sala del governo, mi dà cordialmente la mano e mi dice: «Ecco il mio nemico di fiducia». La fiducia è quella che il Senato gli ha appena accordato, il nemico chiaramente sono io. Apprezzo la battuta e non smentisco.

Conclusa la pratica dell'insediamento del governo, c'è da avviare il lavoro al partito. Il primo ciak era andato in scena agli inizi di dicembre in una grande manifestazione presso gli studios "De Paolis" nella capitale. Vista l'ambientazione, si sarebbe potuto commentare: buona la prima! Una folla oceanica, al di là di ogni aspettativa; strade e cortili adiacenti pieni di persone che non avevano trovato posto all'interno nonostante gli ampi spazi; eccellente regia; ottimi discorsi, a cominciare da quello principale di Angelino Alfano.

Il passo successivo è organizzare il congresso di fondazione. Prendo la guida delle operazioni e arriviamo a celebrare la nostra "assemblea costituente" ad aprile 2014 alla nuova Fiera di

Roma. Sono giorni di grande intensità: presenze da tutta Italia, entusiasmo alle stelle, osservatori stranieri inviati dai maggiori partiti di centrodestra degli altri Paesi, interventi dal palco che lasciano sperare che attorno a quel progetto possa costruirsi una vera classe dirigente.

È a questo punto che commetto un altro errore di ingenuità. Nell'ottica di dar vita a un ticket e instaurare una collaborazione più stretta, accetto che la figura del coordinatore statutariamente venga votata non dal congresso plenario ma dall'assemblea nazionale, un organismo più ristretto, su indicazione del presidente del partito. Mi privo così di una legittimazione che certamente quel congresso mi avrebbe garantito e pongo le premesse perché, in un possibile contenzioso sulla linea politica, la posizione del Presidente sia destinata naturalmente a prevalere.

In quel momento, però, a una eventualità del genere non penso proprio. Uno sviluppo conflittuale non mi sembra immaginabile. Per come la vedo io, si lavora per la medesima causa.

Sta di fatto che dopo il congresso ciò che in precedenza era apparso scontato inizia a presentarsi come meno ovvio. Non mancano le tribolazioni per arrivare all'investitura come coordinatore del partito. Devo persino rintuzzare il tentativo un po' maldestro di derubricare quell'incarico politico a quello di "coordinatore organizzativo".

Più che alle etichette, però, avrei dovuto guardare alla sostanza. A Milano, pochi giorni prima dell'ufficializzazione della mia nomina, nel corso di un colloquio in occasione di una cena di autofinanziamento, Angelino mi aveva detto che non avrebbe voluto uno sdoppiamento di posizioni: lui filo-governativo, io oppositore di Renzi. Ricordo ancora l'espressione che utilizzò: «Non devi diventare il Follini dell'Ncd». Aggiunse che ognuno ha un proprio temperamento, e che il suo non era fatto per reggere quell'eventuale dualismo.

Risposi ad Alfano che nella forma avrei tenuto conto della sua richiesta, ma che, per quanto riguardava la sostanza, ci saremmo dovuti intendere: io avrei lavorato perché da quell'esperienza e soprattutto dalle riforme condivise derivasse la fondazione di un nuovo sistema politico-istituzionale nel quale la nostra collocazione sarebbe stata alternativa a Renzi e alla sinistra. Lo invitai a considerare che se lui era un democratico cristiano, passato per l'esperienza giovanile nello scudo crociato, io mi consideravo un liberal-conservatore e se il mio liberalismo mi induceva a lavorare per un nuovo sistema finalmente legittimato nel quale ci si confrontasse da avversari e non da nemici, il mio conservatorismo mi avrebbe portato a ritenere un'esperienza di governo con la sinistra del tutto eccezionale, e i miei princìpi inconciliabili con quelli del renzismo. Già allora mi era chiaro che non ci sarebbe stato spazio, chiusa quella parentesi, per ritrovarsi su una condivisa categoria di moderatismo, anche perché le dinamiche politiche del nostro tempo avevano privato di senso quell'etichetta rendendo i moderati sempre più incazzati.

La risposta di Angelino fu più o meno questa: «Facciamo un patto, pugno di ferro in guanto di velluto. Tu metti il pugno, io il guanto». Soprattutto, mi disse che sulla linea di fondo eravamo d'accordo, altrimenti non avrebbe avuto alcun senso chiamarsi Nuovo Centrodestra. Me lo feci bastare, e siamo al terzo errore consecutivo.

14.

Quota 40

Il 12 marzo del 2014 sul sito di Palazzo Chigi compare una prima bozza di riforma del bicameralismo e del Titolo V. Il testo prevede fondamentalmente un Senato composto da sindaci e da nominati dal Presidente della Repubblica. Il senso della proposta non è chiaro. Se infatti il nuovo Senato deve essere una camera di compensazione tra Stato e Regioni per abbattere il contenzioso costituzionale ipertrofico determinato dalla improvvida riforma del Titolo V imposta dalla sinistra nel 2001, non si capisce in base a quale criterio i rappresentanti delle Regioni debbano lasciare il posto ai sindaci. Questi ultimi sono figure fondamentali nella vita dello Stato e delle comunità territoriali ma, a differenza dei consiglieri regionali, non sono titolari di un potere legislativo. Insomma, se il problema è mettere ordine tra livelli di legislazione, il primo atto del governo Renzi è mischiare le pere con le mele. Senza contare che caricare il Senato di una pletora di nominati, oltre ad avere poco significato sotto il profilo funzionale, è anche una mossa politicamente inopportuna.

Appare dunque chiaro fin da subito che, se si vuole continuare a coltivare la speranza di una legislatura costituente, è necessario un lavoro di lunga lena che corregga progressivamente una proposta sballata e rammendi la trama della riforma. È ancora possibile raggiungere lo scopo. In tal senso la presenza di Napolitano al Colle è garanzia di continuità con il lavoro fino ad allora svolto; la presidenza della Commissione Affari Costituzionali del Senato in capo ad Anna Finocchiaro un'utile sponda; il nostro ruolo nella maggioranza, numericamente decisivi per la sopravvivenza del governo, una potenziale leva per arrivare ad avere un testo sensato.

Tutto diventa più difficile dopo le elezioni europee di fine maggio.

Per Ncd si tratta di un battesimo elettorale. L'auspicio è superare il 5 per cento candidandoci a essere una forza di medie dimensioni. Il nostro punto di forza è certamente il collegio meridionale, ma la necessità di una scelta si impone: integrare o meno gli altri partiti non di sinistra che appoggiano il governo, in particolare l'Udc?

L'opzione presenta con ogni evidenza vantaggi e svantaggi. L'aggregazione ci metterebbe in sicurezza, rafforzando le liste anche nelle aree in cui siamo molto deboli; d'altro canto, tuttavia, il matrimonio con un partito che ha come simbolo lo scudo crociato avrebbe l'inevitabile effetto di attenuare la portata innovativa della nostra esperienza, un fattore sul quale una formazione neonata non può non puntare per compensare le difficoltà dovute alla propria giovanissima età.

Nel dubbio, al dunque pesa non poco l'orientamento del Partito Popolare Europeo. Pochi mesi prima dell'avvio della campagna elettorale si era svolto a Dublino il congresso del Ppe. Lo ricordo tra l'altro per uno splendido e inatteso intervento di Bono Vox, il cantante degli U2, ma anche per le cortesi quanto ferme sollecitazioni dei vertici della comune casa politica europea affinché in Italia i soci che sostenevano l'esecutivo dessero vita a una lista unitaria in vista delle elezioni per l'Europarlamento. Immagino che su Alfano queste pressioni fossero state ancora più forti.

Il matrimonio s'ha da fare, e si fa.

Prendiamo il 4,4 per cento: dignitoso ma di certo non esaltante. Non credo tuttavia che il risultato al di sotto delle aspettative sia stato responsabilità dei nostri alleati. Avevamo sbagliato noi nella compilazione delle liste. Soprattutto quella della circoscrizione Sud era piena di portatori di preferenze con pendenze giudiziarie più o meno serie. Io sono un antico garantista e credo nella presunzione di innocenza, ma in quel caso il problema era politico, non giudiziario: quelle liste ci esponevano a ogni tipo di attacco e di provocazione. Ne avremmo pagato un prezzo insopportabile.

Al momento della selezione delle candidature cerco di far prevalere questo punto di vista, spalleggiato per l'occasione da uno più garantista di me come Fabrizio Cicchitto. Arrivo al limite della rottura. Poi, una volta ancora, tra l'etica della convinzione e quella della responsabilità faccio prevalere quest'ultima e mi getto a capofitto nella campagna elettorale. Si può immaginare dunque la rabbia e il disappunto che provo quando a una manciata di giorni dalle elezioni, di primo mattino, mentre mi trovo in un albergo di Treviso dove avevo pernottato dopo una manifestazione, mi raggiunge una telefonata di Alfano che mi informa dell'arresto di un nostro candidato campano. Mi stupisco che Angelino da ministro dell'Interno non avesse avuto sentore di quel che poteva accadere. Lo sento sinceramente turbato e comunque conveniamo che, a quel punto, non c'è altra scelta che fare muro, provare a limitare i danni e intensificare la campagna.

Da quel giorno in poi è un calvario. Tutto diventa più difficile e gli organi di stampa non ci fanno sconti: anche le altre candidature ambigue vengono a galla senza che abbiamo il tempo né i mezzi per difenderci.

Se devo essere sincero, tuttavia, a mio avviso neanche questa è la ragione decisiva del nostro risultato non brillante. Il fatto è che al dunque il voto si polarizza. Il Movimento 5 Stelle riempie le piazze, paurosamente. Il blog di Beppe Grillo evoca "processi popolari in Rete" nei confronti della classe dirigente non soltanto politica. Chi si spaventa per questa deriva finisce con l'orientarsi su Renzi, e tutto ciò che di diverso dal Pd gravita nell'area governativa ne resta oggettivamente travolto.

Non ho bisogno di aspettare l'apertura delle urne per rendermi conto di quanto sta accadendo. La domenica delle elezioni, infatti, incontro nell'androne del palazzo in cui abito un mio vicino, un noto professionista romano da sempre su posizioni di destra e mio estimatore, il quale alcuni giorni prima non aveva avuto dubbi nell'annunciarmi la sua intenzione di votare per il nuovo partito, Ncd. Con una certa baldanza gli chiedo se abbia già esercitato il suo diritto-dovere di elettore. Mi risponde di sì ma aggiunge, con mia sorpresa, di aver modificato il suo orientamento. Confidando che avrei capito il suo travaglio, mi confessa che per la prima volta nella sua lunga vita ha votato a sinistra. Per Renzi. Il motivo? «Non ho alcuna intenzione di farmi processare sul web». Mi dice anche che la stessa scelta è stata compiuta da tutti gli altri condomini: gente che non avrebbe mai immaginato nella propria esistenza di apporre la croce sul simbolo del Pd.

Alla fine, con quel 4,4 per cento conseguito nelle urne, superiamo la soglia di sbarramento e le nostre liste conquistano tre parlamentari europei. Considerate le circostanze, quella percentuale avrebbe potuto rappresentare il punto di partenza per un processo di crescita ovvero il segno del subitaneo declino di un'avventura durata il tempo di una stagione.

Non c'è dubbio che da quel momento in poi per noi il rapporto con il Pd è destinato a farsi più difficile. Sebbene non si tratti di elezioni politiche, resta il fatto che Renzi ha superato il 40 per cento dei consensi. Prima di lui soltanto De Gasperi nel '48 e Fanfani nel '58 erano riusciti nell'impresa di sfondare con il proprio partito quella fatidica soglia. A ciò si aggiunga che, con ogni evidenza, Renzi non è De Gasperi e nemmeno Fanfani.

Nella maggioranza, rispetto al Pd noi ci collochiamo in una proporzione di 1 a 10. Diventa complicato qualificare l'esecutivo come governo di unità nazionale. Per poter incidere e preservare la nostra identità è d'obbligo provare a giocare strategicamente di sponda con i fratelli separati di Forza Italia, che continuano ad appoggiare dall'esterno il disegno di riforma costituzionale. Noi piccoli ma decisivi per la tenuta del governo, loro all'opposizione ma bisognosi di non apparire come una quinta colonna di Renzi in campo avverso, avremmo dovuto cercare pazientemente dei terreni di collaborazione.

I primi passi successivi alle elezioni europee lasciano acceso qualche barlume di speranza. Durante il primo step dell'esame parlamentare, il testo della riforma subìsce sostanziose correzioni rispetto alla versione iniziale. Sia sul nuovo Senato, che con la drastica riduzione del numero di sindaci e nominati si avvicina al modello del Senato delle Regioni, sia sul Titolo V, con una più chiara ripartizione di competenze tra livelli legislativi. Certo, c'è ancora molto da fare e da emendare. Ad esempio, limitandoci al bicameralismo, è evidente che un Senato delle Regioni concepito come camera di compensazione tra legislatori deve avere come proprio *core business* la competenza sulla materia regionale, e invece così non è. Ancora: è impossibile in un Senato di questo tipo non prevedere la presenza dei presidenti delle Giunte regionali, e invece i governatori non sono contemplati. È evidente, infine, che la modalità di selezione dei futuri senatori merita una riflessione più approfondita: se la fonte di legittimazione del nuovo Senato è la sovranità popolare, i suoi componenti devono essere scelti dagli elettori; se invece si decide di attribuire loro non una rappresentatività di tipo politico ma la rappresentanza organica e funzionale degli enti regionali, c'è bisogno di un meccanismo che garantisca che i loro voti vengano espressi nell'esclusivo interesse della Regione che rappresentano e non del partito che li ha indicati, così come avviene per il Bundesrat in Germania.

Non a caso, comunque, la Costituzione prevede che il processo di revisione sia lungo e meditato. Ci sono ancora tempi e modi per correggere e raddrizzare il testo. O almeno così in quel momento pensiamo che sia.

L'autunno fa segnare un importante punto politico per il nostro partito. Presentando una compagine autonoma sia dalla sinistra che dal resto del centrodestra, superiamo lo sbarramento dell'8 per cento alle regionali in Calabria. Si tratta oggettivamente di una prova di forza che può consentirci di affrontare con maggior vigore la difficile navigazione alla quale siamo chiamati.

Nello stesso periodo si riapre la partita della legge elettorale. A novembre Renzi rimette nel fodero le proposte iniziali che aveva partorito assieme a Verdini e nel corso di un affollato vertice di maggioranza, presso la splendida biblioteca di Palazzo Chigi, propone di fatto una nuova versione dell' Italicum: sbarramento al 3 per cento, soglia del 40 per cento per l'accesso al premio di maggioranza, ballottaggio, sistema misto di capilista bloccati e preferenze, numero di collegi non superiore a 100, premio alla lista e non più alla coalizione.

Certamente non è il massimo. Durante l'incontro insisto affinché il premio venga attribuito alle coalizioni e non ai singoli partiti. Aggiungo che mi sembra insensato non consentire quantomeno l'apparentamento tra il primo e il secondo turno. Segnalo che quella impostazione della legge elettorale avrebbe in ogni caso implicato una scommessa: riuscire a tornare a un equilibrio tendenzialmente bipolare. Se invece la frammentazione del sistema si fosse consolidata, cristallizzando l'esistenza di almeno tre poli, sarebbe stato chiaramente impensabile, a forma di governo invariata, prevedere un ballottaggio senza soglia di accesso.

Per avere riconosciuta la classica "ragione dei fessi" ci sarebbe voluta, anni dopo, la Corte Costituzionale. Nell'immediato, l'accordo ancora solido tra Renzi e Forza Italia indebolisce oggettivamente il peso specifico delle nostre obiezioni. E ai miei rilievi il premier risponde che alla luce del quadro politico e dei rapporti di forza quel "pacchetto" è il massimo che può concedere. Già ci aveva accontentato con lo sbarramento al 3 per cento. Nel prosieguo dell'iter della riforma se ne sarebbe eventualmente riparlato.

Facciamo buon viso a cattivo gioco, ma è evidente che tanto l'Italicum quanto la riforma costituzionale vanno rivisti. Ad Alfano sottolineo la necessità di considerare quel risultato come provvisorio. Probabilmente lo faccio con un po' di foga e di insistenza, tant'è che qualche giorno dopo, incontrandomi in Senato, forse come gesto di solidarietà Angelino mi mostra uno scambio di sms che aveva avuto con Renzi. Con un linguaggio colorito che qui traduco, il premier avvertiva che avrei dovuto smettere di fare l'esegeta perché assai più del rigore costituzionale delle norme conta la logica politica e la possibilità di comunicarla ai cittadini con messaggi accattivanti.

Insomma, dovevo piantarla di "rompere i coglioni".

15.

Alti tradimenti

Il nuovo anno si apre con due eventi destinati a segnare in profondità tutto il 2015. Il 14 gennaio Giorgio Napolitano formalizza le annunciate dimissioni dalla presidenza della Repubblica. Lascia così il Quirinale l'uomo che più di ogni altro aveva operato perché la riforma delle istituzioni andasse in porto, al punto da legare a questa prospettiva la sua rielezione. Allo stesso tempo l'Italicum passa sotto le forche caudine del Senato, secondo una tempistica che era stata fissata nell'ultima, concitata notte di lavori prima della chiusura del Parlamento per le vacanze di Natale.

In quella gelida nottata di dicembre, su input di Matteo Renzi mosso evidentemente da una fretta indiavolata di cui in quel momento ci sfuggivano le reali motivazioni, nell'aula di Palazzo Madama era approdata la proposta di incardinare la legge elettorale, non senza forzature regolamentari, come primo punto all'ordine del giorno alla riapertura. Nel gruppo di Ncd si era scatenata la rivolta: una parte consistente dei senatori temeva infatti che quell'improvvisa accelerazione potesse portare dritti a elezioni anticipate non appena il nuovo sistema di voto fosse entrato in vigore. Gran parte dei colleghi si rifiutava di entrare in aula per votare il calendario, il capogruppo Maurizio Sacconi sentendosi offeso e sfiduciato aveva abbandonato l'assemblea spontanea in cui ci eravamo riuniti, Alfano essendo notte fonda era comprensibilmente irraggiungibile.

In quel frangente diversi piani si erano sovrapposti. Da un lato l'esigenza di portare a compimento le riforme nel miglior modo possibile e contribuire, in un contesto istituzionale rinnovato, ad aggiornare la cultura e l'offerta politica del centrodestra, dando così un senso all'avventura nella quale ci eravamo imbarcati. Dall'altro, come avrei compreso quella notte non senza una punta di disillusione, diveniva evidente che una parte di quei compagni di strada avevano più prosaicamente visto nella nascita di Ncd innanzi tutto un modo per allungare la vita della legislatura.

In realtà, in previsione della riforma del Senato, era stato stabilito che l'Italicum valesse soltanto per la Camera dei Deputati. Era dunque difficile che la sua approvazione potesse causare uno scioglimento anticipato del Parlamento, prima del completamento della revisione costituzionale che avrebbe posto fine al bicameralismo perfetto. Quella notte ottenemmo inoltre una dichiarazione in Senato da parte del ministro Boschi, che ufficializzava l'assenso del governo a una norma transitoria in base alla quale la nuova legge sarebbe entrata in vigore soltanto il primo luglio del 2016. Nel frattempo il complessivo disegno di riforma avrebbe potuto compiersi, con ampia condivisione e con tutte le necessarie correzioni, e l'efficacia differita dell'Italicum avrebbe creato uno spazio temporale di manovra affinché la nuova architettura costituzionale e la legge elettorale potessero raccordarsi.

Quest'ultima era un'esigenza alla quale tenevo molto: la legge elettorale non può infatti prescindere da un'armonizzazione con il contingente quadro politico e con il più complessivo equilibrio istituzionale. È una lezione che si rintraccia nel testo più classico sui governi di gabinetto, quello scritto dal costituzionalista inglese Walter Bagehot nel 1867. Avevo fortemente insistito su questa connessione, non a caso ben esplicitata anche nella relazione dei "saggi" del governo Letta. Quando in quella fatidica notte pre-natalizia ne avevo parlato con il ministro Boschi poco prima della sua dichiarazione in Senato, avevo posto il raccordo tra riforme e legge elettorale – e dunque lo slittamento al primo luglio 2016 dell'entrata in vigore dell'Italicum – come *conditio sine qua non* per il sostegno di Ncd all'accelerazione, specificando quale fosse l'ovvia conseguenza di quell'assunto: che né il testo della riforma, né tantomeno la legge elettorale, avrebbero potuto essere considerati definitivi. L'iter era ancora lungo e c'era tanto da lavorarci su. La Boschi acconsentì e, oltre alle implicazioni costituzionali e di sistema, la presa di posizione del governo sul differimento della validità della legge elettorale ebbe anche l'effetto di placare i senatori del Nuovo Centrodestra, tranquilli a quel punto sulla durata della legislatura. Una parte del gruppo entrò in Aula consentendo per un soffio l'approvazione del calendario. Un'altra parte lasciò Palazzo Madama, lanciando un preciso segnale politico all'indirizzo di Palazzo Chigi.

Restava da capire per quale recondita ragione Renzi e i suoi avessero imposto quella brusca accelerazione sull'Italicum per poi accettare senza battere ciglio che la legge, valida peraltro solo per la Camera, entrasse in vigore un anno e mezzo dopo. Ingenuamente non ci ponemmo il problema. Eppure avremmo potuto arrivarci, visto che di lì a poco il Parlamento avrebbe dovuto eleggere il successore di Napolitano. Non sapevamo, all'epoca, che nonostante le manovre spregiudicate alle quali l'ex sindaco di Firenze ci aveva abituato, il meglio doveva ancora venire.

Superato quel delicato tornante, a noi sembra di aver portato a casa il massimo risultato possibile in quel momento. Di più non si sarebbe potuto ottenere, anche perché sull'Italicum – così come sulle riforme – c'è il via libera di Forza Italia che chiaramente riduce la nostra forza contrattuale. Da parte di Berlusconi sarebbe stato forse più prudente attendere l'ormai imminente elezione del nuovo Presidente della Repubblica prima di dare il suo assenso. Ma così non avviene, e dunque per Ncd ogni margine di trattativa nell'immediato si riduce al lumicino.

Anche per questa ragione restiamo abbastanza estranei agli spericolati passaggi procedurali che avrebbero caratterizzato i lavori del Senato nei giorni dell'approvazione dell'Italicum.

Quelle dedicate all'esame della legge elettorale sono sedute infuocate, segnate da mosse e decisioni controverse culminate nel famigerato "canguro", un emendamento "killer" con cui viene superato l'ostruzionismo delle opposizioni. Più volte in quei giorni si sfiora la rissa. Il presidente Grasso, per la prima volta alle prese con una vicenda così complessa dal punto di vista sia politico che regolamentare, cerca di barcamenarsi nel tentativo di preservare un ruolo terzo e neutrale. Questa condotta lo porta in più occasioni a scontentare tutti e rischia di fargli perdere il controllo della situazione.

Una notte durante la quale appare particolarmente provato, infilo la porta del suo studiolo alle spalle dell'Aula. Chiarisco di non avere alcuna intenzione di intromettermi nelle sue scelte, ma mi viene spontaneo trasmettergli una sensazione derivante dall'esperienza vissuta dapprima accanto a un suo predecessore, Marcello Pera, con il quale avevo strettamente collaborato per cinque anni, e poi come senatore nelle due legislature successive. Il fatto è che a mio avviso il suo modo di procedere in quel passaggio così insidioso è il più sbagliato di tutti. Se è convinto che la maggioranza stia forzando la mano oltre ogni misura, deve con decisione contrastarla. Se invece ritiene che quei comportamenti siano giustificati dal fatto che a un certo punto la maggioranza deve potersi esprimere, dovrebbe nel rispetto del regolamento agevolare questo sbocco. Restare a metà del guado non gioverebbe né a lui né all'istituzione che guida.

Il Presidente del Senato mi guarda con attenzione, senza replicare. È un dato di fatto, però, che anche nei momenti di maggiore dissenso – e ce ne sarebbero stati – da quella notte il nostro rapporto sia diventato più vero.

Mentre la battaglia parlamentare sull'Italicum occupa il proscenio, dietro le quinte fervono le grandi manovre per l'elezione del nuovo Presidente della Repubblica. Angelino Alfano, Maurizio Lupi e Fabrizio Cicchitto hanno un rapporto privilegiato con Pierferdinando Casini e sono convinti che sul suo nome possano confluire anche Silvio Berlusconi e Matteo Renzi. Dubitano un po' di me e anche per questo un giorno decidono di convocarmi a casa di Fabrizio per un pranzo al quale partecipa lo stesso candidato *in pectore*.

Da parte mia non c'è nessuna obiezione possibile nei confronti di un uomo che è espressione dell'area cattolica e liberale. Anzi, candidature come quella di Casini potrebbero coagulare le forze non di sinistra che in Parlamento partecipano al percorso delle riforme, creando un raccordo tra Forza Italia e Ncd affinché, una volta approvate le regole condivise, si lasci spazio a una naturale contrapposizione tra sinistra e destra, anche attraverso un processo di rifondazione della nostra metà campo. Ribadisco però ai miei commensali che si tratta di una delle possibili candidature. Non dell'unica.

Avevo avuto modo di esprimere la stessa posizione qualche sera prima a casa mia, nel corso di una cena alla quale oltre ad Alfano, Cicchitto e Lupi era presente anche il parlamentare Ncd di Palermo Dore Misuraca. Quella sera avevamo passato in rassegna i possibili candidati per il Quirinale e ognuno di noi era stato invitato a esprimere una preferenza. Su Casini eravamo tutti d'accordo. Su Giuliano Amato quasi tutti: c'era qualche *nuance* e il sospetto che a me piacesse troppo. Nel ventaglio di nomi presi in considerazione c'era anche quello di Sergio Mattarella. Fui l'unico a sostenere la sua candidatura: dissi che se su di lui fossero stati d'accordo Renzi e Berlusconi non c'era ragione di opporsi e, in ogni caso, anche il nome di Mattarella avrebbe potuto favorire lo schema che prevedeva il compimento della riforma condivisa e il ritorno a una fisiologica contrapposizione tra due aree politico-culturali alternative. La mia opinione fu bocciata, ma a quel punto misi le cose in chiaro: se la scelta fosse stata questa, allora poi saremmo dovuti andare fino in fondo, e certamente non sarebbe stato facile. Alfano si disse consapevole e aggiunse che nel momento decisivo avrebbe vinto chi avesse tenuto fermo il piede sull'acceleratore.

Fissata la linea, ci sono tutte le condizioni per un incontro con Forza Italia per sancire un patto di unità d'azione in vista delle imminenti votazioni. Il summit ha luogo il 19 gennaio a Milano, in una sala della Prefettura messa a disposizione dal prefetto Francesco Paolo Tronca. La delegazione di Ncd è composta da Alfano, Lupi e dal sottoscritto, e insieme a noi c'è Lorenzo Cesa, segretario Udc, con il quale dal tempo delle europee esisteva un accordo che aveva portato alla formazione di gruppi parlamentari comuni. Il leader di Forza Italia è accompagnato da Niccolò Ghedini, Gianni Letta e Giovanni Toti.

È la prima volta che rivedo Silvio Berlusconi dalla sera in cui ci eravamo lasciati sull'uscio di Palazzo Grazioli, poche ore prima della scissione, con un accordo non andato a buon fine. Provo un po' di emozione e anche un po' di imbarazzo, che lui scioglie immediatamente salutandomi con cordialità e informandosi su come stiano le mie due figlie. In quel momento immagino che quell'attenzione sia frutto del suo *savoir-faire*, una gentilezza per mettere in pratica un insegnamento che una volta mi aveva impartito dicendomi fra il serio e il faceto: «Devi sempre compiacere il tuo interlocutore, o parlandogli di una cosa che lo riguarda, o evidenziando una sua qualità personale. Una volta a uno a cui volevo vendere della pubblicità non riuscivo proprio a trovare una qualità, ma all'ultimo momento gli dissi: che bella stretta di mano che ha!». In seguito avrei scoperto che quel riguardo e quella premura per la mia famiglia non erano soltanto un fatto formale, ma sarebbero sfociati in una prova di attenzione e correttezza di cui avrei avuto dimostrazione senza che lui mi dicesse nulla.

Durante il vertice, Berlusconi ci dice di non nutrire dubbi sul fatto che Renzi avrebbe concordato il nome del futuro Capo dello Stato. Vengono passate in rassegna le opzioni possibili, si stabilisce una preferenza per Casini e poi per Amato, ma in ogni caso si decide che avremmo votato all'unisono. Il patto di unità d'azione è nei fatti siglato.

Il giorno dopo il nostro incontro di Milano, Renzi vede Berlusconi a Palazzo Chigi e incassa il via libera sull'Italicum. E così il 21 gennaio il "supercanguro", presentato dal senatore democratico Stefano Esposito per superare l'ostruzionismo delle opposizioni, passa con i voti determinanti di Forza Italia, perché la minoranza Pd nel frattempo si è "sfilata".

La legge elettorale viene definitivamente approvata in Senato il 27 gennaio. Il giorno dopo il premier e il Cavaliere tornano a incontrarsi, ma sul Quirinale finisce in un nulla di fatto.

Già a questo punto si profila una stangata, e il giorno dopo la stangata si perfeziona. All'assemblea dei grandi elettori del Pd Matteo Renzi annuncia la candidatura secca di Sergio Mattarella. Il partito del premier si ricompatta e sul nome del giudice costituzionale siciliano convergono anche Sel e le altre forze minori della sinistra. Forza Italia sale sull'Aventino, noi la seguiamo ma non tutti. Succede infatti che undici senatori del Nuovo Centrodestra, contattati da Maria Elena Boschi, senza dire nulla al capogruppo Maurizio Sacconi firmano un comunicato nel quale si dicono pronti a votare per Mattarella, secondo le indicazioni del Pd. E il pressing non finisce qui. Poco dopo, infatti, Renzi fa notare a mezzo stampa che un ministro dell'Interno che vota contro il Presidente della Repubblica crea di fatto una frattura istituzionale della quale sarebbe impossibile non prendere atto. Sapendo di pungere nel vivo, mette obliquamente a verbale una incompatibilità tra la posizione politica di Alfano e il mantenimento del suo incarico ministeriale. Insomma, un avviso di sfratto.

Siamo in un angolo. In una drammatica riunione al Viminale Sacconi notifica ufficiosamente le sue dimissioni da capogruppo, che avrebbe confermato pubblicamente pochi giorni dopo. Personalmente considero gravissimo quanto accaduto: di fatto, siamo di fronte alla perdita della nostra sovranità interna.

Quella sera vado a cena con Maurizio e sua moglie Enrica alla "Taverna Urbana". Cerco invano di farlo recedere dal proposito. In quella occasione rompo anche umanamente con alcuni di coloro i quali, a me prossimi, avevano firmato in Senato quel comunicato di adesione alla scelta unilaterale del Pd.

Insieme a Fabrizio Cicchitto vedo Alfano. All'unisono diamo ad Angelino un consiglio: se non vogliamo trasformarci in ascari, di fronte a quella offesa nei confronti della nostra autonomia, lui deve dar ragione a Renzi. Deve ammettere che per un ministro dell'Interno non contribuire a eleggere il Presidente della Repubblica è una situazione di insopportabile imbarazzo istituzionale. Per questo deve chiedere ai suoi gruppi parlamentari di votare per Mattarella ma contemporaneamente dimettersi dall'esecutivo, dichiarando a testa alta che tra il ruolo di ministro e quello di presidente di partito avrebbe scelto quest'ultimo.

Alfano ci lascia dicendo che ci avrebbe pensato. Nel frattempo io rilascio un'intervista al «Corriere della Sera». Ribadisco che il problema non è certo il nome di Mattarella, ma una dinamica istituzionale che rischia di saltare, vanificando la grande occasione di una riforma costituzionale condivisa. La previsione è fin troppo semplice: c'è una maggioranza di governo che è il residuo di una grande coalizione; c'è una maggioranza delle riforme, che comprende quella di governo e si allarga a una forza di opposizione; ora si mette in campo una terza maggioranza, quella presidenziale, diversa dalle altre due, ignorando non solo gli alleati di governo ma addirittura il partito di opposizione che pochi giorni prima aveva reso possibile l'approvazione della legge elettorale; impossibile che la maionese non impazzisca. Per una forzatura di troppo, una vittoria contingente di Renzi rischia di diventare la premessa della sua sconfitta.

Il giorno dopo, angosciato dalla situazione complessiva e in particolare da quella del mio partito, di prima mattina chiamo il presidente Napolitano. Gli ribadisco il ragionamento fatto al «Corriere della Sera». Gli aggiungo che se ogni possibilità di operare una scelta seguendo un percorso condiviso è tramontata, bisogna quantomeno fare un ultimo serio tentativo per riparare allo strappo e consentire a quanti appoggiano in Parlamento le riforme di confluire sul nome di Mattarella.

Napolitano si dice d'accordo. Mi confida anche che aveva pregato Renzi, prima della sua sortita in solitaria all'assemblea del Pd, affinché organizzasse una cena informale con Berlusconi e Amato per far presente loro l'impossibilità politica di far convergere il partito sulla candidatura di quest'ultimo e proporre un nuovo nome da condividere. E questo nome avrebbe potuto essere benissimo quello di Sergio Mattarella. Il Capo dello Stato uscente mi assicura infine che avrebbe compiuto un ultimo tentativo per provare a rimarginare la ferita, parlandone con la Boschi. Di quel tentativo avrei avuto prova qualche giorno dopo quando il Ministro delle Riforme, incontrandomi in Senato, mi avrebbe rimproverato per aver fatto agitare il Presidente.

Quando parlo al telefono con Napolitano, la mattina del 30 gennaio, mi trovo al Viminale, convocato d'urgenza da Alfano perché da lì a poco sarebbe giunta una delegazione di Forza Italia guidata da Berlusconi per decidere il da farsi. Al nostro "pacchetto di mischia", rispetto al precedente incontro, si aggiungono Pier Ferdinando Casini e Fabrizio Cicchitto. Sull'altro fronte, dopo rocambolesche peripezie per evitare di essere intercettati dai giornalisti, si palesano il Cavaliere, Gianni Letta, Niccolò Ghedini e Denis Verdini. Più ancora di quanto non fosse accaduto a Milano, sembra una riunione di riappacificazione familiare. Berlusconi è provato e indossa un paio di occhiali scuri a causa di un attacco di uveite. Tutti siamo visibilmente stanchi.

Prendo la parola quasi per primo e ciò che dico è più o meno questo: fermo restando il nostro patto di unità d'azione, siamo a un bivio. Possiamo continuare a non votare Mattarella sapendo che questa scelta farebbe definitivamente saltare il patto del Nazareno, impedirebbe il completamento delle riforme e ci porterebbe a ricompattarci all'opposizione. In alternativa abbiamo ancora un margine per confluire insieme sul nome del presidente designato, ponendo quantomeno le premesse per ultimare il lavoro di revisione costituzionale e avvicinando gradualmente su questo terreno i nostri percorsi.

Berlusconi interviene subito dopo di me, e il tono del suo discorso è di chiara disponibilità verso la seconda prospettiva. Alfano è taciturno ma dà segni di apertura. A stroncare sul nascere qualsiasi tentativo di ricomposizione del quadro sono invece dapprima Verdini, che accusa Renzi di essere venuto meno agli impegni assunti e ritiene che questa mancanza non possa restare senza conseguenze, e poi ancor più stentoreamente Casini, che nella foga si alza addirittura in piedi.

Senza dubbio gli argomenti di Verdini e Casini hanno una loro forza, e al dunque finiscono per conquistare il consenso di tutti. Riprendo la parola: «Se seguiamo il percorso che avete indicato – dico, rivolto in particolare a loro due – la conseguenza politica sarà interrompere la collaborazione col Pd sulle riforme, ritrovarci al più presto all'opposizione e prepararci ad affrontare insieme le elezioni anticipate». Il ragionamento evidentemente risulta lineare, a tal punto che diversi dei presenti mi chiedono di metterlo nero su bianco in una nota. Ci lasciamo con il solenne impegno di andare avanti votando scheda bianca fino alla fine. E quella nota ancora la conservo...

Il grande testacoda si consuma in serata, quando appare definitivamente chiaro che non c'è alcun margine per altre candidature e Renzi non lascia spazio a una posizione autonoma di Ncd: se avessimo tenuto duro fino in fondo, ci sarebbe andato di mezzo il governo.

La minaccia – manco a dirlo – raggiunge il suo scopo. A un incontro tra Renzi e Alfano alla Camera fa seguito, nel vano tentativo di salvarci la faccia, un patetico comunicato in cui il premier invita Ncd a rivedere le sue posizioni. Non resta che notificare a Forza Italia il disonorevole cambiamento di fronte.

Fu a tutti gli effetti un piccolo 8 settembre del quale era difficile andar fieri. Il nome di Mattarella con tutto questo non c'entrava nulla: votarlo era quasi una liberazione. A me risultò però chiaro che quel giorno gran parte delle ragioni politiche che avevano portato alla nascita di Ncd erano evaporate.

Svolsi con diligenza il mio dovere di grande elettore. Scrissi sulla scheda, senza esitazione, Sergio Mattarella. Al momento della fumata bianca molti dei miei compagni di partito erano in prima fila a battere chiassosamente le mani. Io ero seduto in disparte nei banchi accanto a Nunzia De Girolamo.

Non applaudimmo. La televisione ci riprese e qualche giornale lo notò, interpretando le nostre braccia conserte come un segno di distacco nei confronti del nuovo inquilino del Quirinale. Non era così. Si trattava, piuttosto, di pudore e anche un po' di vergogna per come era andata a finire.

16.

Le quote rosa

Non serviva Cassandra per prevedere la fine del patto del Nazareno. Il 4 febbraio 2015, quattro giorni dopo l'elezione del nuovo Presidente della Repubblica, Forza Italia annuncia la rottura dell'accordo sulle riforme che si concretizza poco più di un mese più tardi, il 10 marzo, con il voto contrario al disegno di legge costituzionale, che ulteriormente emendato viene approvato dall'aula di Montecitorio.

Per Ncd il percorso si fa ancora più in salita. Con il venir meno della sponda di Forza Italia, di fatto si vanifica la prospettiva della riunificazione di un centrodestra rinnovato dopo una riforma condivisa. In sostanza, va in fumo la nostra ragione sociale. Né risulta pensabile, per chi avesse immaginato di volerla esperire, la possibilità di un accordo di coalizione stabile con il Pd di Renzi: è evidente infatti che Renzi non concepisce né politicamente né psicologicamente la possibilità di avere alleati e soprattutto di rispettarli come tali.

Questa circostanza sarebbe risultata ancora più chiara nei giorni immediatamente successivi. A metà marzo accade infatti che un'indagine della Procura di Firenze su appalti e grandi opere arriva a colpire il cuore "tecnico" del ministero delle Infrastrutture. Nella rete delle intercettazioni, e di lì immancabilmente sui giornali, finiscono anche il ministro Maurizio Lupi, mai indagato, e indirettamente i suoi familiari a cominciare da suo figlio. Ne segue la consueta bufera mediatica che ben presto investe i palazzi della politica.

Renzi ufficialmente non prende posizione, lasciando che a vedersela sia Ncd. Con ogni evidenza auspica però che Lupi lasci il governo e non è disponibile a offrire alcuna copertura politica a una scelta differente da quella delle dimissioni.

In casa nostra le riunioni si susseguono senza sosta. Lasciamo la decisione a Maurizio, pronti a difendere la sua posizione fin quando lui lo avesse ritenuto. Ci è chiaro che, al di là della dimensione esterna, le pressioni sulla sua famiglia e in particolare su suo figlio non possono essere trattate come materia meramente politica. È in gioco un fattore umano la cui valutazione spetta esclusivamente a lui. Non a caso, è solo quando Maurizio ci comunica che in virtù di considerazioni di natura personale e familiare avrebbe fatto un passo indietro che iniziamo a rilasciare dichiarazioni ai giornali.

Dal punto di vista dei rapporti umani, quei giorni rappresentano per me gli ultimi bei ricordi dell'esperienza nel Nuovo Centrodestra. Tra di noi si era sviluppata una autentica solidarietà, palpabile in momenti come quello in cui di sera ci siamo trovati a casa di Angelino, con il portavoce di Lupi Ubaldo Casotto a coordinare i lavori, per stare vicini a Maurizio e condividere con lui il momento della preparazione del discorso che avrebbe pronunciato alla Camera.

Alfano comprensibilmente vuole che Lupi assuma subito un altro incarico, per non rischiare nemmeno per un attimo di dare l'impressione che il partito lo stia mollando. Per questo decide di stringere i tempi della resa dei conti con la capogruppo alla Camera Nunzia De Girolamo che, a dirla con onestà, da tempo contestava la linea del partito e aveva manifestato la volontà di rientrare in Forza Italia. L'avvicendamento al vertice del gruppo a Montecitorio viene notificato a Nunzia non senza qualche caduta di stile, e il caso provoca una ulteriore frattura umana nel gruppo dirigente che aveva dato vita a Ncd. Frattura che si sarebbe ancor più acuita al momento di affrontare il tema politico della successione a Maurizio nella compagine di governo.

Il giorno stesso dell'intervento parlamentare di Lupi, Alfano mi convoca al Viminale. Siamo nella sua stanza quando mi fa un discorso che suona più o meno così: «Non ho ancora parlato con Renzi, ma è evidente che ci tocca sostituire Maurizio. In considerazione del tuo passo indietro e di quello che hai fatto per Ncd, sei tu il candidato naturale. Devo sapere se sei interessato». Io mi schermisco chiarendo che non ritengo dovuta la mia candidatura; Angelino la prende come una frase di circostanza e mi chiede di andare al sodo. Gli dico allora che a fare il ministro delle Infrastrutture non ci penso minimamente. Non mi sento vocato né ho alcuna voglia di farmi venire, per la bisogna, quella vocazione. Gli aggiungo che per un ministero del genere c'è bisogno di un gran senso pratico e io non sono in grado nemmeno di tenere i conti a casa, compito che delego a mia moglie. Se si fosse aperta qualche altra opportunità, ad esempio un impegno relativo al Mezzogiorno, avremmo potuto riparlarne.

Per il momento nel partito la pratica viene accantonata. Accade però, alcuni giorni dopo, che il dicastero delle Infrastrutture viene occupato da Graziano Delrio. La necessità di un "risarcimento" per Ncd, anche per il cinismo con il quale il premier aveva gestito l'intera vicenda, si fa dunque politicamente urgente.

A guidare le trattative con Renzi è lo stesso Maurizio Lupi, il ministro dimissionario nel frattempo divenuto capogruppo. È lui a svolgere la relazione introduttiva una sera all'"Ambasciata d'Abruzzo", un ristorante romano dalle parti dei Parioli, dove con Fabrizio Cicchitto e Renato Schifani ci troviamo a cena convocati da Angelino Alfano. Maurizio ci fa presente che per salvaguardare la parità di genere il nostro nuovo ministro avrebbe dovuto essere una donna. Ci dice, inoltre, che Renzi aveva immaginato una quaterna di nomi all'interno della quale avremmo potuto scegliere. Ne fanno parte la parlamentare calabrese Rosanna Scopelliti, l'ex parlamentare europea nonché mia carissima amica Erminia Mazzoni, la senatrice Federica Chiavaroli e Valentina Cestaldini, consigliera comunale di Bologna e portavoce del partito. Aggiunge che Valeria Fedeli, allora vicepresidente vicario del Senato, sempre per ragioni di "pari opportunità" si sarebbe trasferita a Palazzo Chigi come sottosegretario alla presidenza del Consiglio, occupando la casella lasciata libera da Graziano Delrio. A completamento del risiko, il posto della Fedeli al Senato sarebbe stato riservato al sottoscritto, come *cadeau ad personam*.

A me sembra di trasecolare. La sintesi del discorso è che un nostro ministro maschio deve essere sostituito obbligatoriamente, per volere del premier, con un ministro femmina; che questo ministro femmina deve essere scelto in una rosa indicata dal premier; e, poiché a quanto pare si pensa che quel posto mi spetterebbe, si mette in palio per me una vicepresidenza vicaria del Senato come se si trattasse di materia a disposizione del governo per giochi partitici.

Chiedo con toni accesi ai miei commensali se non ritengano di aver perso il senno. Noi stavamo abdicando alla nostra autonomia, ci stavamo trasformando in sgabelli che Renzi avrebbe potuto sovrastare a suo piacimento, il tutto condito con una volgare offerta come se il problema fosse quello di una ricompensa politica nei miei confronti.

Faccio saltare il tavolo. Letteralmente, nel senso che il desco attorno al quale siamo seduti vola in aria, stoviglie e pietanze comprese. Schifani mi dà ragione, Cicchitto non mi dà torto ma si mantiene più cauto. Appena i nervi tornano al loro posto, resto così imbarazzato per quello scatto d'ira in un luogo pubblico che pretendo almeno di pagare il conto.

Il giorno dopo, il resoconto stenografico della trattativa Renzi-Lupi compare integralmente sul «Corriere della Sera». Di fronte all'evidenza della plateale umiliazione, Cicchitto mi telefona scusandosi per non aver compreso la sera precedente la gravità di quanto era accaduto.

Quella stessa mattina mi contatta il ministro Boschi pregandomi di raggiungerla nel suo ufficio. Di fronte al suo tentativo di sponsorizzare l'accordo, le spiego che il problema ha a che fare con l'autonomia e con la dignità politica. Se nell'ambito di un equilibrio complessivo a noi è data la possibilità di indicare un ministro obbligatoriamente donna e un vicepresidente del Senato, la questione avrebbe dovuto esserci comunicata in questi termini e noi, autonomamente, avremmo deciso i nomi dell'una e dell'altro e li avremmo notificati all'alleato di governo. La Boschi mi specifica allora che l'offerta della vicepresidenza del Senato è da considerarsi *ad personam*: non sarebbero andati bene né Gabriele Albertini né Maurizio Sacconi, che io avevo menzionato come esempi di persone più che degne di occupare quel posto. Quanto al sesso del ministro, impossibile derogare: la parità di genere è un principio non negoziabile (infatti, molti mesi dopo, come ministro in quota Ncd sarebbe stato nominato Enrico Costa...).

Maria Elena mi informa infine che Erminia Mazzoni le aveva chiesto un appuntamento e che lei glielo avrebbe concesso solo se ciò non fosse dispiaciuto al partito alleato. In qualità di coordinatore di Ncd le spiego che Erminia è una mia amica, che era stata ingiustamente sacrificata al momento della formazione delle liste per le elezioni europee, e che non ho nulla in contrario a che lei la incontri. Aggiungo però che per la sua comprensibile assenza dalla vita di partito, mi sembra difficile poter pensare a una investitura a ministro.

L'indomani rilascio un'intervista al «Corriere della Sera» nella quale ribadisco a caratteri cubitali il mio distacco rispetto al toto-ministri e riaffermo invece con forza le ragioni della nostra autonomia politica e di scelta. Soprattutto congelo e rinvio la pratica, allontanando da Ncd lo spettro della "poltrona prima di tutto" che fin dall'inizio, a volte a torto altre volte a ragione, aveva svilito a livello di immagine il senso della nostra avventura. Ne avremmo riparlato dopo le elezioni regionali in programma di lì a due mesi, quando si sarebbero potuti valutare con più nitore sia i rapporti di forza sia gli indirizzi politici da intraprendere per il futuro.

Nel frattempo, su tutt'altro fronte, una brutta vicenda rende ancora più evidente l'impossibilità di perseguire la strada di un rapporto di coalizione con Renzi e lascia intravedere il progressivo avvitamento del percorso di riforma dello Stato, al quale tanto avevamo sacrificato, verso un disegno spregiudicato di potere personale. Con un colpo di mano interno (rispetto alla minoranza del suo partito) ed esterno (rispetto ai suoi alleati di governo che gli avevano chiesto di considerare il testo della legge elettorale, in quel momento in discussione, un approdo provvisorio), e assumendosi la responsabilità di una evidentissima forzatura istituzionale, Matteo Renzi decide di far passare l'Italicum nella versione uscita dal Senato imponendo alla Camera il voto di fiducia.

Prima di allora, nella storia repubblicana solo in un'altra occasione una legge elettorale era stata approvata col voto di fiducia: era il 1953 e si trattava di quella che ingiustamente viene ricordata come "legge truffa". Ho scritto un libro su quella legge e so bene quali fossero le condizioni emergenziali che allora avevano reso inevitabile quel passo. Nell'anno domini 2015, era renziana, di condizioni emergenziali non ce ne sono. La maggioranza alla Camera ha numeri solidissimi in virtù di quel premio che la Corte aveva giudicato incostituzionale. E il fatto che ad approvare con la fiducia una legge che riguarda le regole del gioco sia un Parlamento sulla cui composizione gravano ombre così pesanti, getta una ancor più sinistra aura di illegittimità su quel voto. Non è tema che qui ci interessa, ma aggiungo che evidentemente questa vicenda avrebbe influenzato, sia dal punto di vista politico sia dal punto di vista istituzionale, l'approvazione del Rosatellum: la legge elettorale con la quale, infine, nel 2018 si voterà.

Manifesto la mia contrarietà all'interno del partito, ma i deputati di Ncd e il capogruppo Maurizio Lupi la pensano diversamente. Con cautela (anche troppa, col senno del poi) faccio trapelare a mezzo stampa il mio disappunto, che in quanto senatore non posso concretizzare nell'aula di Montecitorio. Cerco di promuovere un compromesso che consentirebbe a tutti di uscirne senza troppo disonore: rinuncia al voto di fiducia da parte del governo, in cambio della rinuncia all'ostruzionismo da parte dell'opposizione. So bene che non è giusto: si tratta di barattare la deposizione di un'arma legittima (l'ostruzionismo) con l'abbandono di un'arma impropria (la fiducia), ma ci provo ugualmente perché mi rendo conto che a furia di strappi la fragile tela delle riforme, pazientemente tessuta, avrebbe finito col lacerarsi. In quei giorni le dimissioni del capogruppo Pd a Montecitorio, Roberto Speranza, erano state una fin troppo eloquente avvisaglia.

Tutto inutile. Renzi pensa di potere tutto, gli altri ritengono che tutto gli debba essere concesso. Ai primi di maggio del 2015, in un'Aula semivuota per l'abbandono dei deputati di opposizione e di una parte dello stesso gruppo di maggioranza relativa, un atto di arroganza del governo impone al Paese un'altra legge elettorale destinata a essere dichiarata incostituzionale.

Personalmente, in quel periodo mi andavo convincendo ogni giorno di più che senza affermare con forza un ruolo critico, quasi di opposizione interna al governo, la nostra funzione sarebbe scaduta a quella di indipendenti di centrodestra in servizio permanente come ascari della maggioranza. Anche per questo, nelle elezioni regionali che si sarebbero celebrate di lì a poco, mi impegnai affinché nessuna alleanza fosse stretta con la sinistra. In sette regioni su sette chiamate al voto, proposi al mio partito coalizioni con il centrodestra o iniziative politiche autonome in compagnia di liste civiche. Per onestà, devo dare atto ad Angelino Alfano di non avere in un alcun modo ostacolato questa scelta.

17.

Ministro a mia insaputa

Nelle diverse regioni che sarebbero andate alle urne il 31 maggio 2015 per rinnovare la propria amministrazione, mi do da fare per costruire accordi territoriali con raggruppamenti civici che possano sostanziare la nostra presenza. Non è un lavoro facile. In Puglia viene naturale l'alleanza con l'ex presidente della Provincia di Bari, Francesco Schittulli, capofila di un movimento ben radicato soprattutto nel capoluogo e dintorni. Nelle Marche prendo rapporti con il movimento del presidente uscente Gian Mario Spacca, persona di grande spessore e comprovate capacità, liquidato dal Pd dell'era renziana dopo anni e anni di leale collaborazione. In Veneto la strada che in quel momento appare per noi più ovvia è la sinergia con l'allora sindaco di Verona Flavio Tosi, da poco fuoriuscito dalla Lega. In Umbria da tempo e per primi avevamo individuato nel sindaco di Assisi, Claudio Ricci, il possibile candidato unitario del centrodestra e predisposto insieme a lui un arcipelago di liste civiche da affiancare a quelle dei partiti. Più residuali per Ncd sono le situazioni della Toscana e della Liguria. Nel primo caso, per una oggettiva debolezza riusciamo solo *in extremis* a presentare una lista assieme al movimento civico del presidente di Confartigianato di Grosseto e della locale Camera di Commercio Giovanni Lamioni, mentre in Liguria il terremoto politico seguito alle primarie del Pd e alla spaccatura a sinistra con Sergio Cofferati ci porta soltanto alla fine a stringere un accordo con il candidato del centrodestra, Giovanni Toti. Il rapporto di personale stima instaurato in quel periodo con Toti sarebbe proseguito proficuamente nel tempo e dura ancora oggi.

Un discorso a parte va fatto infine sulla Campania: la realtà dove siamo più forti e potenzialmente decisivi, ma anche quella in cui va in frantumi l'alleanza con l'Udc. Lì si era deciso, dopo estenuanti riunioni, di presentare entrambi i simboli e le rispettive liste – Ncd e Udc – nella coalizione a sostegno del governatore di centrodestra Stefano Caldoro. Negli ultimi giorni, però, accade che gli esponenti locali del Nuovo Centrodestra candidano sotto le loro insegne Pasquale Sommese, consigliere regionale uscente dello scudo crociato: un comportamento oggettivamente inaccettabile tra due partiti alleati. Da Roma non c'è il tempo per fermare l'operazione, e la ritorsione non si fa attendere: l'Udc rompe l'accordo e schiera il proprio simbolo nella coalizione avversa. Il cambiamento di fronte viene suggellato da un incontro a Marano tra Ciriaco De Mita e il candidato presidente della sinistra, Vincenzo De Luca, e a conti fatti sarebbe stato determinante per la vittoria di quest'ultimo.

La campagna elettorale si rivela durissima, anche perché in casa nostra gli egoismi locali avevano avuto uno spazio eccessivo e non erano stati in nessun modo contrastati. In Puglia, ad esempio, il sottosegretario al Lavoro Massimo Cassano, coordinatore regionale del partito, per massimizzare il risultato del proprio personale gruppo di riferimento aveva messo in lista un solo candidato adeguatamente attrezzato in termini di consenso. I consiglieri regionali uscenti Domi Lanzilotta (allora in Ncd) e Davide Bellomo (allora nel Movimento del candidato presidente) si erano così trovati sulle spalle il peso di comporre una squadra competitiva, e non era stato né facile né umanamente esaltante indurli a sacrificarsi sapendo che inevitabilmente sarebbero diminuite le loro possibilità di successo. Come se non bastasse, peraltro, nel pieno della campagna elettorale lo stesso Cassano si sarebbe prodotto in un singolare appello al nostro elettorato a disertare le urne.

Affronto queste e altre amenità in una crescente solitudine. Anche sul piano materiale la situazione non è propriamente agevole: il budget complessivo assegnatomi per una campagna elettorale in sette regioni ammonta infatti a circa 14mila euro. Nonostante tutto, al dunque il risultato raggiunto non è disprezzabile:

facendo una media ponderata rispetto al complesso degli elettori chiamati al voto, le liste da noi appoggiate superano abbastanza nettamente il 4 per cento e fanno registrare un lieve incremento rispetto alla percentuale delle europee. Eleggiamo tre consiglieri in Puglia, uno in Campania, uno nelle Marche, uno in Veneto e uno in Liguria. Insomma: un altro scoglio può dirsi superato.

Giunti a quel punto, passata la nottata, a me appare chiaro che la posizione nei confronti dell'esecutivo si debba irrigidire. Le regionali ci avevano consentito di iniziare a riannodare un rapporto con quel centrodestra che avrebbe dovuto restare il nostro alveo naturale e che ci proponevamo di contribuire a rinnovare. Bisognava ora diventare alleati sempre più scomodi in una maggioranza di governo che aveva visto il Pd uscire tutt'altro che rinvigorito dalla prova del voto. Al dunque, infatti, a salvare il partito di Renzi era stata solo la vittoria di De Luca che l'implosione del nostro rapporto con l'Udc aveva determinato.

Nei commenti post-elettorali non uso giri di parole. Ancora più esplicito sono il giorno successivo in un'intervista al «Mattino», nella quale metto sul tavolo in termini perentori il tema della modifica della legge elettorale e individuo il completamento delle riforme costituzionali come scadenza che avrebbe esaurito le ragioni della nostra permanenza al governo.

La sortita non viene gradita. Una batteria di dichiarazioni ostili, orchestrate senza dubbio dal Viminale, mi fa capire che sulla linea politica si è aperto nel partito un conflitto. Per questo chiedo (e ottengo) una riunione di segreteria allargata ai presidenti dei gruppi parlamentari. L'iniziativa si rivela quanto mai opportuna: in quella sede Alfano spiega infatti con inusitata chiarezza di ritenere superata la linea della ricomposizione del centrodestra, imposta dal nostro nome. A suo parere quello schieramento è irriformabile, la disponibilità di Berlusconi a una riappacificazione una lontana chimera, e la Lega non recuperabile a posizioni "di sistema". Per lui bisogna puntare, piuttosto, a creare una componente centrista da affiancare al partito di Renzi.

Apertamente dissento da Angelino. Non perché non mi siano chiare le difficoltà da affrontare sul versante del centrodestra, ma perché mi sembrano inesistenti gli spazi politici e istituzionali per il suo progetto. Renzi ha già dimostrato la sua inattitudine a qualsiasi forma di alleanza, e per di più è convinto di essere lui il centro del sistema. Soprattutto, è evidente che l'Italicum non concede alcuno spazio a una coalizione: il tema, dunque, non si pone nemmeno per ipotesi astratta.

Ciò di cui cercavo di persuadere i miei compagni di partito era che a quel punto la riforma istituzionale e la legge elettorale diventavano discriminanti rispetto alle opzioni future, e anche solo alla stessa possibilità di discuterne tra noi. Se fosse stato previsto uno spazio per le coalizioni, anche chi come me riteneva che questo spazio dovesse essere coltivato sul versante del centrodestra, e lontano anni luce da Renzi, avrebbe potuto impegnarsi in un confronto interno e, al limite, svolgere un ruolo di opposizione nel partito. Se invece l'Italicum fosse rimasto immodificato, e l'unica forma ammessa quella delle liste solitarie, non ci sarebbe stata nemmeno la possibilità di una distinzione partitica nell'ambito delle forze che appoggiavano l'esecutivo. Ci si chiedeva insomma di partecipare a un governo di coalizione e di legislatura per poi ritrovarci a fine legislatura con le coalizioni messe fuorilegge. Se dunque la nostra esperienza nell'esecutivo fosse durata anche oltre l'orizzonte delle riforme e si fosse protratta fino allo scioglimento naturale delle Camere, alle elezioni successive la scelta finale sarebbe stata tra una confluenza nel Pd e il rinnegare il lavoro svolto insieme per cinque anni.

Alfano mi assicurò, in quell'occasione, che sulle riforme c'era ancora spazio per lavorare e che l'Italicum sarebbe cambiato. Devo confessare di non averci fatto il minimo conto. Il mio giudizio su Renzi, sulla sua visione dello Stato e sul suo modo di concepire la lotta politica era già maturo.

Nello stesso periodo, poche settimane prima della pausa estiva, incontro una sera a casa mia Flavio Tosi e Raffaele Fitto, il quale nel frattempo aveva lasciato Forza Italia. Fa caldissimo, nel mio salotto non c'è aria condizionata e tutti quanti sudiamo come ceri accesi nel corso di una processione. Informo i miei interlocutori che se non fosse cambiato l'atteggiamento sulle riforme e non ci fossimo imposti sulla legge elettorale, sarei uscito da Ncd. Parliamo anche della possibilità di dar vita insieme a un raggruppamento parlamentare. Tosi pone come condizione la mia uscita dalla maggioranza, io ovviamente lo rassicuro: è esattamente di questo che stiamo parlando. Nei due anni a seguire, ripensando a quello scambio di battute con Tosi alla luce dei nostri rispettivi percorsi, mi è venuto da considerare quanto mutevoli siano le cose della politica…

Trasmetto lo stesso messaggio di un possibile imminente "rompete le righe" ad Andrea Augello, con il quale, a partire dalla comune esperienza nel gruppo senatoriale del PdL, passando per la battaglia gomito a gomito sulla legge Severino contro la decadenza di Berlusconi, dopo un'iniziale reciproca diffidenza avevo condiviso un percorso che mi ha consentito di apprezzarne sempre di più l'intelligenza e la lealtà dei comportamenti. Andrea mi dice: «Non vedo alternative alla prospettiva di abbandonare la maggioranza e mettere fine all'esperienza in Ncd. Dimmi se possiamo camminare insieme lungo questa via o se mi devo attrezzare da solo». Gli rispondo che le scelte stanno chiaramente maturando. Senza un'inversione di rotta anch'io non vedo margini ulteriori per restare dove siamo. Ne avremmo riparlato alla ripresa dopo la pausa estiva. Anche per questo, prima di andare in vacanza mi sento obbligato a chiedere un incontro ad Alfano, al quale pongo il problema in termini ultimativi.

A questo punto, forse casualmente o forse no, un episodio piomba come un fulmine a ciel sereno su quei primi giorni d'estate.

Mi trovo a Tagliacozzo, ospite del mio compagno di maratone Sandro Antenucci, col quale vado a correre da ormai sei anni tre volte a settimana. Mi sveglio la mattina di domenica 12 luglio e su «Repubblica» leggo un lungo articolo che annuncia la conversione di Renzi e la mia imminente nomina a ministro. Lo scritto è denso di particolari, c'è addirittura indicata la data del giuramento.

La circostanza non è minimamente verosimile. Nessuno me ne aveva parlato, nessuno aveva chiesto il mio parere. In Italia accadono molte cose all'insaputa dell'interessato, ma fin qui nessuno è stato nominato ministro a propria insaputa. Cerco di informarmi sull'origine di quelle fantasiose informazioni e vengo a sapere – non dall'autore dell'articolo, Francesco Bei, che nonostante sia mio amico è una tomba e anzi comprensibilmente depista i miei collaboratori mandati in avanscoperta – che la notizia, condita di dettagli con tanto di crono-programma per renderla giornalisticamente credibile e appetibile, proviene da Palazzo Chigi. Il gioco è chiarissimo: da quel momento in poi, qualsiasi mio atto di contestazione sarebbe stato presentato dalla solerte macchina della comunicazione renziana come una ripicca per non aver ottenuto la cadrega pattuita.

Protesto vivacemente con Alfano dicendogli che questo non sarebbe un modo civile di gestire i rapporti politici nemmeno tra avversari: figuriamoci tra alleati. Angelino si schermisce e cerca di minimizzare: «Sai com'è fatto, è incorreggibile. È inutile che gli dica nulla». In effetti, come Renzi sia fatto e quale sia la caratura dei suoi comportamenti mi è ormai chiarissimo.

18.

Nasce un'idea

Ripercorrendo la repentina ascesa e il rapido declino dell'astro renziano si comprende come, a ben guardare, tanto la rottura del patto del Nazareno quanto gli scricchiolii all'interno del Nuovo Centrodestra siano stati politicamente innescati da una medesima miccia: la brutta storia dell'elezione del Capo dello Stato. Non certo per il nome di Sergio Mattarella, sul quale il premier non avrebbe faticato a trovare ampia condivisione se solo ci avesse provato. Il fatto è che dopo aver escluso i "compagni di riforma" dalla scelta della figura istituzionale chiamata a incarnare l'unità della Repubblica, qualsiasi accenno allo spirito costituente e alla coesione nazionale in bocca a Matteo Renzi sarebbe suonato come una barzelletta.

Dalla stessa matrice "nazarena" deriva tuttavia anche una novità di segno opposto, che prende forma a fine luglio 2015 per iniziativa del principale fautore del patto (naufragato) tra Renzi e Berlusconi. Il giorno 23, infatti, Denis Verdini insieme a una pattuglia di parlamentari si stacca da Forza Italia e si avvicina all'area governativa dando vita a un nuovo raggruppamento denominato "Ala" (Alleanza Liberalpopolare - Autonomie), con la motivazione ufficiale di sostenere le riforme e lo scopo sostanziale di assicurare al Presidente del Consiglio una rete di protezione al Senato, dove i numeri sono sul filo.

Senza dubbio, nelle intenzioni di Renzi, l'iniziativa di Verdini serve anche per tamponare possibili fuoriuscite dalla maggioranza quali quelle che si annunciano sulle nostre latitudini. Insomma, ancora una volta mi trovo sulla barricata opposta rispetto a quella di Denis. Nella realtà però, per uno di quei paradossi che rendono la politica tanto un'arte affascinante quanto una scienza inesatta, proprio l'"operazione Ala" finisce per rendere più facile la fuga da Ncd, dal momento che consente ai parlamentari di pensare a un distacco senza che questo implichi automaticamente la fine del governo e della legislatura. Non certo perché la principale preoccupazione dei dissidenti sia la sorte dell'esecutivo, ma perché, per chi aveva fatto della stabilità un valore, poter slegare l'iniziativa politica dalla vita delle istituzioni semplifica sensibilmente le cose.

La partita, in ogni caso, è rimandata alla ripresa dell'attività politica. L'ultimo atto prima delle ferie d'agosto è la chiusura della sede del partito in via in Arcione, che lasciamo senza avere un altro posto dove andare. In un mesto clima di smobilitazione che sa anche di disarmo politico, a sgomberare quella che era stata la casa di Ncd restiamo solo io e il piccolo staff che lavora per il partito.

Prima di chiudermi la porta alle spalle e di portare i ragazzi a pranzo a "Le Tamerici", un ristorante alle spalle di Fontana di Trevi che è un po' il nostro "consolo", spedisco ad Angelino un sms: «Oggi ho spento la luce in via in Arcione». Magari se ne era dimenticato. L'effetto, in ogni caso, è stato una sensazione di abbandono.

All'inizio di settembre va in scena il *redde rationem*.

Nei primi giorni del mese da dieci anni si svolge a Frascati la Summer School della fondazione Magna Carta: una settimana di formazione intensiva e dibattiti pubblici tutta rivolta alle giovani generazioni. Quell'anno avevo deciso di affidare la lettura inaugurale a Enrico Letta. Non si era trattato di un atto di sfida verso nessuno, ma solo di un modo per ribadire stima e amicizia nei confronti dell'ex premier. Fatto sta che dei miei amici di partito solo Fabrizio Cicchitto, tra quelli di prima linea, si presenta all'appuntamento. A rivelarmi il *mood* con cui era stata accolta l'iniziativa è una battuta di Peppino Calderisi: «Allora fai proprio tutto il possibile per non tornare a fare il ministro!».

Io in realtà ho in mente ben altro. La sortita di Peppino mi strappa però un sorriso: dopo il tanto affannarsi di Matteo Renzi per far credere che la bussola del mio agire politico sia la conquista o meno di un posto di governo, senza volerlo quell'invito a Enrico mi fornisce un alibi di ferro e dimostra, per quanto al Presidente del Consiglio possa apparire stupefacente, che in politica non esiste soltanto l'ossessione del potere. Ma, per parafrasare Metastasio, ciascun dal proprio cuor l'altrui misura.

Proprio in quei giorni ho un lunghissimo incontro con Alfano, al quale ribadisco la mia posizione negli stessi termini in cui gliela avevo esposta prima dell'estate. Il punto è che le riforme stanno per tornare in Senato. Siamo all'ultimo passaggio utile per aggiustarle e per ottenere un formale impegno alla modifica della legge elettorale. Basterebbe in tal senso una dichiarazione del ministro competente pronunciata nell'ufficialità dell'Aula. Insomma, per quanto mi riguarda la cambiale è arrivata a scadenza.

Angelino cerca in ogni modo di convincermi dell'esistenza di un impegno di Renzi a metter mano tanto alle riforme quanto alla legge elettorale, e del fatto che questo impegno sarebbe stato onorato a tempo debito. Io non credo a nulla di tutto ciò. «Il tempo debito è questo – gli rispondo –, perché adesso abbiamo la forza politica per pretendere i dovuti cambiamenti». Aggiungo ad Alfano che se lui la pensa diversamente sono pronto a rimettergli il mandato di coordinatore di Ncd, incarico che presuppone un rapporto fiduciario con il Presidente.

Alla fine ognuno rimane sulle sue posizioni, ma Angelino mi autorizza a provarci: «Chiedi la modifica della legge a nome del partito, io non ti delegittimerò. Se si aprono degli spiragli sarà una vittoria di tutti, se invece il confronto si indurisce sarai tu a rischiare e a dover fare retromarcia».

Non è il massimo, lo ammetto: andare al fronte portando già in tasca la dichiarazione di resa non aumenta certo le prospettive di vittoria. Nonostante tutto, comunque, decido di fare un tentativo. Anche perché non ho altra scelta.

L'occasione si presenta il giorno successivo, il 13 settembre. A San Giovanni Rotondo, il paese dove operò Padre Pio, è in corso l'annuale festa dell'Udc e il dibattito al quale sono stato invitato a partecipare, sul tema della legge elettorale, come si suol dire, cade a fagiolo. Da lì parlo con assoluta chiarezza, e le mie dichiarazioni impiegano pochi minuti a rimbalzare sulle agenzie di stampa e nei notiziari televisivi. La sera stessa il vicesegretario del Pd Lorenzo Guerini interviene per mettere perentoriamente in chiaro che l'Italicum non sarebbe stato toccato né in quel momento né mai.

Non mi aspetto una difesa da parte dei miei compagni di partito, ma neppure la sostanziale adesione alla posizione di Guerini che invece sarebbe stata più o meno velatamente manifestata. È evidente che gli ultimi margini si sono consumati.

Ormai le mie intenzioni sono chiare, anche al di là della mia cerchia di amici. D'altra parte non faccio nulla per tenerle nascoste.

Chi condivide con me ogni momento e ogni passo di questa vicenda, e altrettanto farà con l'avventura che ne sarebbe scaturita, è Eugenia Roccella. Conosco Eugenia praticamente da sempre: suo padre era il mio punto di riferimento ai tempi della comune esperienza giovanile nel Partito Radicale, e da quella formidabile scuola politica lei avrebbe derivato un approccio laico, liberale e "umanista" che, unito a una competenza tecnica non improvvisata, ne avrebbe fatto una delle voci più autorevoli in campo etico e biopolitico, oltreché una persona dotata di un senso dell'amicizia generoso e senza riserve.

In quel periodo una sera con Eugenia invitiamo a cena Maurizio Sacconi, con il quale siamo stati legati da un comune percorso intellettuale che ci ha portato a riclassificare il concetto di laicità e ad approfondire le possibilità che il XXI secolo schiudeva alla interazione tra cattolicesimo e liberalismo. In particolare con Maurizio avevamo costruito le ultime edizioni degli Incontri di Norcia, appuntamento fisso di Magna Carta per un confronto tra credenti e non credenti inaugurato nel 2005 da una lettera esortativa di Papa Benedetto XVI all'allora presidente onorario della fondazione Marcello Pera.

Per cena ci incontriamo a "Green Tea", ristorante cinese non lontano dal Pantheon. Lì Eugenia ed io comunichiamo a Maurizio la nostra decisione di abbandonare Ncd. A noi sembra evidente che il partito, tanto sulle materie istituzionali quanto su temi altamente sensibili come le unioni civili, sia ormai vocato a subire l'attrazione fatale di Renzi, contraddicendo le ragioni stesse della sua epifania racchiuse in quel nome – Nuovo Centrodestra – certamente brutto ma dotato quantomeno del pregio della chiarezza. Per non perdere l'anima, e con essa il filo di quel progetto identitario che ci aveva visto collaborare, bisogna agire in fretta. Riteniamo che lo stesso discorso valga per Sacconi, e glielo diciamo.

Maurizio non chiude la porta. Anzi, ci assicura che di lì a poco tempo ci avrebbe seguito. A me risulta tuttavia chiaro che la sua strategia sarebbe stata diversa: utilizzare la nostra fuoriuscita per provare a spostare Ncd su posizioni meno governative. Per questo da quel momento in poi avrebbe informato Alfano sulle nostre posizioni e sulle nostre mosse che, d'altra parte, non abbiamo mai avuto alcuna intenzione di coprire col segreto.

A quel punto ci sono già tutte le condizioni per votare contro le riforme tornate all'esame del Senato per la penultima lettura. Il giorno dell'inizio del dibattito parlamentare mi chiede di parlarmi Anna Finocchiaro, presidente della Commissione Affari Costituzionali e soprattutto un'amica. Dopo aver ascoltato ciò che ho da dire, Anna mi ricorda che insieme avevamo condotto la riforma da un binario morto a una condizione di praticabilità; mostra di comprendere le mie ragioni sia sulla sostanza politica del discorso sia sul merito dei cambiamenti richiesti; mi assicura che ci sono ancora margini per modificare il testo e che di questo si sarebbe fatta garante. Aggiunge che avrei comunque avuto il tempo, nel caso in cui tutto fosse risultato vano, per raccontare la mia verità.

Dopo quell'incontro decido di lasciare ancora uno spiraglio ma di parlare con chiarezza in Aula. In un primo intervento evidenzio per quali ragioni, a mio avviso, la riforma in discussione e l'Italicum non possono convivere. Segnalo alcune criticità dell'articolato di revisione costituzionale, ad esempio sul tema non certo secondario della composizione del Senato. Sollecito la previsione di contrappesi di garanzia, puntualmente indicati, per riequilibrare un sistema che in caso contrario avrebbe rischiato di essere non ponderato e allo stesso tempo non efficiente.

Nel corso della discussione parlamentare non ottengo risposte. Al momento della deliberazione finale il capogruppo Schifani, nonostante i miei atteggiamenti polemici, insiste per affidarmi la dichiarazione di voto. Gli chiedo carta bianca e lui coraggiosamente me la concede. Ne approfitto (forse pure troppo!) per dire che quel dibattito, anche rispetto al rapporto con il governo, per quanto mi riguarda segna la conclusione di una fase politica.

La cosa, com'è ovvio e probabilmente anche giusto, non piace ai vertici di Ncd. Con quell'intervento avevo segnato anche dentro di me il distacco definitivo dal partito che avevo contribuito a fondare.

Durante il cammino delle riforme, il Nuovo Centrodestra si sarebbe trovato nella posizione sistemica e nella condizione numerica ideale per poterne influenzare in modo determinante i contenuti. Aveva rinunciato a farlo. E che questo fosse indice di un atteggiamento più generale – caratterizzarsi come lo *junior partner* fedele e acquiescente del Pd renziano – me lo avrebbe confermato quanto accaduto neanche due ore dopo che i nostri voti decisivi avevano fatto passare in Senato, per la seconda lettura, la riforma costituzionale.

È il 13 ottobre 2015. Incassato il risultato sul ddl Boschi, il Pd con un blitz strappa il disegno di legge sulle unioni civili, al secolo ddl Cirinnà, dalla commissione che lo stava esaminando, e ottiene che venga calendarizzato direttamente in aula per l'indomani. Dal punto di vista regolamentare e anche costituzionale, si tratta di un obbrobrio. Uno sfregio peraltro inutile e gratuito, dal momento che il giorno dopo ancora sarebbe iniziata la sessione di bilancio e dunque la legge non avrebbe potuto essere discussa dall'assemblea del Senato per parecchio tempo.

Sul punto diamo battaglia in ogni sede, giungendo fino alla Corte Costituzionale anche grazie all'iniziativa di quel centravanti di sfondamento che è Carlo Giovanardi. Negli anni la sua innata propensione a non lasciar passare una palla, a non ritenere secondario alcun fronte, sarebbe valsa a Carlo l'ingiusta nomea di attaccabrighe e rompiscatole. Non c'è campagna impopolare e controcorrente che non lo veda in prima fila. Non c'è provvedimento al quale non faccia le pulci fino all'ultimo comma. La verità è che Carlo essendo infaticabile ti prende talora per sfinimento, non accetta che ragioni di forma possano prevalere sul merito dei problemi, ma il più delle volte, se si fuoriesce dalla categoria dell'opportunità, sulla sostanza delle cose riesce davvero difficile non riconoscere che ha ragione lui.

All'indomani di quello schiaffo rassegno le dimissioni da coordinatore nazionale del Nuovo Centrodestra. Pongo il problema della permanenza al governo, una specie di bestemmia che fa sì che a questo gesto non faccia seguito un vero dibattito sul presente e soprattutto sul futuro del partito. Nei giorni precedenti era stato consumato qualche tentativo per trovare una possibile conciliazione, ma non aveva portato a nulla: si era pensato infatti di poter risolvere attraverso una ridefinizione dei poteri interni un problema che riguardava invece la linea politica e la nostra identità.

Nella successiva direzione nazionale le dimissioni del coordinatore non vengono considerate neppure un accadimento degno di essere contemplato tra gli argomenti di discussione all'ordine del giorno. La linea politica per Ncd è evidentemente un tema da varie ed eventuali.

Consumato lo strappo, si tratta di ufficializzare l'uscita dai gruppi. Nelle riunioni carbonare della vigilia, i senatori pronti a condividere il salto nel vuoto erano otto, i deputati cinque. Comprensibilmente tuttavia i vertici di Ncd si erano impegnati ad arginare l'emorragia, utilizzando le risorse politiche a disposizione di chi si trova nella maggioranza di governo.

Al dunque, quando il 25 novembre 2015 viene annunciata la nascita di "Idea", acronimo vagamente "futurista" che sta per "Identità e Azione", a uscire da Ncd siamo quattro senatori (Andrea Augello, Luigi Compagna, Carlo Giovanardi ed io) e due deputati (Vincenzo Piso ed Eugenia Roccella). A questi si aggiunge Guglielmo Vaccaro, proveniente dalle file del Pd. Il battesimo con annessa presentazione alla stampa lo teniamo in una caffetteria, tanto metaforico rimando alle prime forme di aggregazione politica quanto scelta pragmatica dettata dalla mancanza di quattrini. E in sintonia con quello spirito informale e un po' *bohémien*, il nostro variopinto gruppetto di pionieri avrebbe scelto come abituale ritrovo conviviale non qualche blasonato ristorante del centro di Roma, ma l'accogliente dimora di Piso e di sua moglie Stefania, dove Vincenzo avrebbe dato prova allo stesso tempo delle sue straordinarie doti di cuoco e anfitrione e, sul fronte politico, del suo spiccato senso di comunità.

Nel momento più difficile, mentre in tanti si affannavano a salire sul carro del presunto vincitore, noi controcorrente, sfidando venti e maree, mettevamo in mare una zattera. Dopo due anni di navigazione, "Idea" è diventata una piccola barca che solca i mari della politica con più sicurezza e soprattutto seguendo una rotta.

Il battesimo del fuoco in Parlamento per noi arriva con l'inizio del nuovo anno, quando entra nel vivo l'esame del ddl Cirinnà: una battaglia campale, tanto sui contenuti quanto sulle procedure. Se infatti per far arrivare in aula la legge sulle unioni civili era stata infranta ogni norma possibile del regolamento e finanche della Costituzione, altrettanto obbrobrioso sarebbe stato il tentativo dei renziani di far passare in blocco il provvedimento cancellando con un "supercanguro" gli emendamenti in attesa di discussione. Come si ricorderà, un esemplare della stessa famiglia di marsupiali era già stato sguinzagliato per arrivare all'approvazione dell'Italicum. Ma, a parte le non trascurabili differenze tecniche tra gli strumenti utilizzati nelle due circostanze, il punto è che sulla legge elettorale, a prescindere dal merito, si era trattato di fronteggiare un ostruzionismo agguerritissimo che avrebbe impedito di giungere a una deliberazione. Nel caso della legge Cirinnà, al contrario, lo scopo dell'arma non convenzionale predisposta dal renzianissimo Andrea Marcucci è impedire al Senato di discutere poche centinaia di emendamenti per paura di andare sotto in occasione di qualche voto segreto.

Un fatto inaudito, un precedente gravissimo. Comunque la si pensi sulla legge in questione.

Per superare la prova dell'aula, se dichiarato ammissibile, il "supercanguro" avrebbe bisogno dei voti del Movimento 5 Stelle. I senatori pentastellati sono fra i più accaniti sostenitori del ddl Cirinnà. In gioco però c'è anche qualcosa d'altro: il rispetto delle regole democratiche.

Ho modo di parlarne in quei giorni con Gianroberto Casaleggio. Il punto è che, al di là dei contenuti, una forza di opposizione radicale non può assecondare violazioni così pesanti dei princìpi regolamentari, parlamentari e costituzionali, perché queste, una volta stabilito il precedente, alla prima occasione si ritorcerebbero contro le minoranze e contro i loro diritti.

Percepisco nel mio interlocutore una persona lontana da una impostazione laica e liberale del pensiero, ma intelligentissima, profondamente acuta, in grado di comprendere appieno le dinamiche del sistema e orientarle a favore della propria parte. Mi ero confrontato con lui per interposta persona anche a proposito della legge elettorale. Quello sulla legge Cirinnà e sul "supercanguro" sarebbe stato invece il primo e ultimo contatto diretto tra noi. Poco tempo dopo Casaleggio sarebbe venuto a mancare, e ho sempre pensato che con lui sia scomparso uno dei protagonisti più autentici della partita politica di questi anni nel nostro Paese.

Prima ancora degli impedimenti regolamentari, a sventare il blitz fu al dunque la posizione di assoluto rigore tenuta dal Movimento 5 Stelle, nonostante la campagna di aggressiva denigrazione scatenata dall'ala oltranzista del Pd e dalle associazioni in prima linea sulla legge. E il fatto che i grillini per tenere fede a un principio avessero rinunciato a blindare un testo che nel merito condividevano, rese ancora più evidente l'abdicazione di Ncd, al quale sarebbe bastato mettere seriamente sul piatto la caduta del governo per ostacolare il cammino del provvedimento.

Al ddl Cirinnà, a differenza dei pentastellati, noi eravamo contrari per ragioni di sostanza oltre che per il metodo incostituzionale con cui era stato imposto all'aula del Senato. Quella legge aveva infatti a che fare molto poco con la tutela dei diritti personali a prescindere dall'orientamento sessuale (mai messa in dubbio), e molto con il tentativo di aprire nel nostro Paese un'autostrada per le adozioni omosessuali e, come diretta e inevitabile conseguenza, per la legittimazione dell'utero in affitto. In nome della trasformazione dei desideri individuali in diritti, si calpestavano i diritti fondamentali dei più deboli, a cominciare dall'anelito naturale di ciascun essere umano a conoscere la propria origine e la propria identità.

Anche per Ncd sulla carta si trattava di un caposaldo. Sulla carta, appunto. Aver subìto senza colpo ferire l'illegittima calendarizzazione di quella legge un minuto dopo aver versato il sangue sulle riforme, senza neanche provare a utilizzare i propri numeri determinanti al Senato mettendo in conto pure l'uscita dal governo, mi era già sembrato insopportabile. Non a caso fu il giorno successivo a quella resa che presentai le dimissioni da coordinatore nazionale. Quando poi il partito simulò un compromesso con il Pd, accettando di votare un testo irricevibile che dopo aver finto di cacciare le adozioni dalla porta le aveva fatte rientrare dalla finestra (come purtroppo la successiva giurisprudenza avrebbe dimostrato), per di più acconsentendo all'imposizione di un voto di fiducia che neanche nei defunti regimi dell'Est sarebbe stato utilizzato per materie così prossime alla coscienza, io e gli amici di "Idea" abbiamo provato un moto di sollievo al pensiero di aver già da tempo dispiegato le nostre piccole vele verso altri lidi.

19.

Renzi ci ricorderemo

La battaglia parlamentare sulla legge Cirinnà avrebbe aperto con i fuochi d'artificio il nostro "scoppiettante" 2016. Formalmente, tuttavia, è sulla finanziaria dell'autunno 2015 che si consuma il passaggio all'opposizione mio e dei miei compagni di avventura di "Idea". Anche in questo caso non è una scelta "comoda", perché in apparenza la manovra sembra poter determinare dei benefici fiscali per i cittadini. In realtà che di mera apparenza si trattasse, dal momento che quelle misure interamente in deficit e prive di coperture avrebbero posto le premesse per altri e più pesanti problemi determinati dal disavanzo, me lo aveva spiegato con argomentazioni convincenti e inconfutabili Nicola Rossi, economista, già senatore del Pd e presidente dell'Istituto Bruno Leoni. Avevo chiesto a Nicola la cortesia di partecipare a un seminario con i miei colleghi presso la sede di Magna Carta, e da lì eravamo usciti con la ferma determinazione di non dare il nostro consenso alla legge di stabilità.

Da quel momento in poi, assunta quella irrevocabile decisione, ci dedichiamo anima e corpo all'edificazione del movimento. Reggendoci sulle sole forze del tesseramento e dell'autofinanziamento apriamo una sede in piazza Madama, di fronte all'ingresso del Senato, popolata da un piccolo staff di ragazzi che fanno del lavoro per "Idea" una missione e una militanza. Avviamo il radicamento sul territorio, che fin da subito e sempre più col passare del tempo ci avrebbe dato grosse soddisfazioni. A livello centrale costituiamo inoltre una cabina di regia della quale, oltre ai parlamentari, fanno parte Pino Bicchielli (di cui parleremo più avanti), il già citato Domi Lanzilotta, Roberta Angelilli, esponente della destra romana, già vicepresidente del

Parlamento Europeo, che ha la grande dote di saper spaziare nella stessa giornata dalle direttive di Bruxelles ai comitati di quartiere attribuendo alle une e agli altri la stessa identica importanza, e Maria Ida Germontani, già mia collega nel gruppo PdL al Senato, che porta nella squadra la sua profonda conoscenza dei corpi intermedi e del mondo delle professioni. Infine potenziamo «l'Occidentale», quotidiano online di riferimento, la cui guida viene affidata a Eugenia Roccella.

Il proposito con il quale ci imbarchiamo in quest'avventura è quello di dar vita a un tratto innovativo di teoria della prassi politica e, sul piano più contingente, contribuire alla ricostruzione del centrodestra. In quella fase così convulsa, quando la nostra iniziativa era ancora in embrione, avevo parlato di tale prospettiva a Fedele Confalonieri nel corso di uno dei nostri abituali appuntamenti a pranzo. Dopo mangiato ci eravamo spostati nei suoi uffici in largo del Nazareno, da lì avevamo chiamato Arcore e io avevo preso appuntamento con Silvio Berlusconi a Roma per i giorni immediatamente successivi.

Non mettevo piede a Palazzo Grazioli dalla sera del 2013 nella quale ero uscito da lì con in mano un accordo che entrambi sapevamo non sarebbe andato a buon fine. Il senso del tempo trascorso mi fa una certa impressione anche se, dall'atteggiamento del portiere dell'immobile fino a quello del suo illustre inquilino, sembra che nulla sia cambiato e nessuna cesura sia intercorsa.

Il colloquio, a quattr'occhi, si svolge in un clima assolutamente cordiale. Comunico al Cavaliere che sarei passato all'opposizione ma non sarei rientrato in Forza Italia. Gli annuncio che avrei provato a costruire un movimento per coniugare l'elemento civico con quello politico, orientandolo decisamente verso il centrodestra: dimostrare che è il centrodestra l'alveo naturale per i corpi intermedi e le espressioni di vitalità sociale come le formazioni civiche avrebbe rappresentato una diretta contestazione nei confronti del modello centralistico renziano infarcito di finta retorica sulla "società civile". Berlusconi si dice d'accordo e aggiunge che se avessi trovato la forza per andare avanti e conquistare un po' di credibilità ci saremmo sicuramente rincontrati. In caso contrario, sarebbe stata comunque una più dignitosa uscita di scena.

Al tema dell'alleanza possibile tra civismo e politica, "Idea" si applica fin da subito. Ne deriva un esperimento di elaborazione teorica sotto forma di un breve opuscolo, *Il lievito e il sale*, che nei primi mesi avrebbe rappresentato un po' la Bibbia del movimento. Grazie agli amici di Magna Carta che ci aiutano a produrlo in proprio, riesco a diffonderne alcune migliaia di copie come strenne natalizie.

Soprattutto, quella riflessione si concretizza nel tentativo di far convergere le energie civiche e quelle politiche in vista delle elezioni amministrative in programma nel giugno 2016. La prima manifestazione pubblica di quel sotterraneo lavorìo si ha in occasione della cena di autofinanziamento che la fondazione Magna Carta annualmente organizza prima delle feste di Natale. Quell'anno al tavolo d'onore, insieme a giornalisti, ambasciatori, professionisti e opinion leader, si trovano riuniti Roberto Dipiazza, Gianni Lettieri e Alfio Marchini, che puntano rispettivamente alla candidatura a sindaco nelle città di Trieste, Napoli e Roma. Si tratta di un primo segnale del fatto che l'alleanza tra civismo e centrodestra, soprattutto a livello territoriale, è possibile. Come vedremo, nelle successive elezioni di giugno quella ricetta avrebbe avuto esiti contrastanti: dove ha visto tutto il centrodestra unito (come a Trieste) ha stravinto, dove ciò non è avvenuto (come a Roma) ha invece contribuito a spaccare la coalizione condannandosi alla sconfitta. In seguito tuttavia quel modello avrebbe visto progressivamente accrescere la sua forza politica fino a trasformarsi l'anno ancora dopo in una formula di successo.

Arriviamo così alla fine del 2015: l'apice del renzismo. Se si dovesse col senno del poi indicare un punto di svolta nella storia dell'ascesa e declino dell'ex *enfant prodige* di Rignano sull'Arno, esso va probabilmente individuato nella conferenza stampa del 29 dicembre di quell'anno, in occasione del tradizionale incontro del Presidente del Consiglio con i giornalisti. È in quella sede infatti che Renzi, oltre a rivendicare i presunti successi del suo esecutivo, compie la definitiva identificazione tra l'esito del referendum costituzionale e il prosieguo della sua carriera politica. «Se perdo il referendum – sono le sue parole, che avrebbero aperto i notiziari tv e i quotidiani dell'indomani – considero fallita la mia esperienza politica».

Al di là dell'effetto immediato, quella conferenza stampa aiuta a qualificare ulteriormente il disegno sotteso alle riforme renziane e, allo stesso tempo, segna la traccia essenziale della campagna referendaria che di lì a poco si sarebbe inaugurata. Collegare un referendum sulla Costituzione alla sorte di una persona, soprattutto se quella persona si trova in quel momento alla leva di comando, conferma infatti ed esaspera non poco la percezione di una tendenza alla concentrazione del potere insita nella riforma e ancor più nel suo abbinamento con la nuova legge elettorale. Non che l'idea del rafforzamento delle prerogative di chi governa sia in astratto una bestemmia: per un presidenzialista ed estimatore della Quinta Repubblica Francese quale io sono, infatti, la personalizzazione del potere non è di per sé un fatto negativo. Il problema è che Renzi non ha mai avuto in mente un cammino ordinato di riforma che definisse con chiarezza i pesi e i contrappesi, ma soltanto una strategia di accentramento perseguita tutta sul terreno politico senza alcuna consapevolezza né maturità istituzionale. Con questi presupposti era chiaro che il referendum si sarebbe giocato interamente sulla sua persona. L'aver trasformato un percorso costituente in una mano di poker non avrebbe lasciato spazio alcuno per un giudizio empirico e approssimativo sui contenuti.

Roma, 30 gennaio 2016. Una marea umana si raccoglie al Circo Massimo con il comitato "Difendiamo i nostri figli" – che Massimo Gandolfini guida con passione ed esemplare disinteresse personale – nel tentativo estremo di fermare la legge Cirinnà allora in discussione al Senato. È il giorno del "Family Day". Considerata anche la spontaneità della mobilitazione, è un successo senza precedenti. Al Circo Massimo, immenso eppure strapieno, si riversano da tutta Italia circa due milioni di persone.

“Idea” è ancora neonata ma, inaugurando una linea che ne avrebbe da quel momento in poi caratterizzato l’azione, si fa promotrice di un momento unitario. Ci diamo appuntamento nei pressi della Bocca della Verità e invitiamo i parlamentari degli altri partiti di centrodestra che con me, Eugenia Roccella e Carlo Giovanardi avevano negli anni condiviso le battaglie per la famiglia naturale e per la vita ad arrivare in piazza portando tutti insieme uno striscione, per testimoniare anche simbolicamente a quel popolo il senso di una vicinanza fattiva.

Il nostro striscione simpaticamente recita: «Non cambiamo idea: no a una mamma che si chiama Giuseppe!». Ma quello che al nostro arrivo vediamo campeggiare in mezzo al Circo Massimo ha ben altra forza evocativa: «RENZI CI RICORDEREMO». Al referendum, ovviamente.

Molti dei protagonisti di quella giornata sarebbero stati nostri compagni di viaggio durante tutta la campagna referendaria. La prima assemblea organizzativa del movimento dedicata alla consultazione costituzionale, poco più di un mese dopo, vede la partecipazione fra gli altri di Massimo Gandolfini, Costanza Miriano e Filippo Savarese. Francesco Agnoli, Luigi Amicone, Alfredo Mantovano, Vincenzo Massara, Mauro Ronco e Maria Rachele Ruiu avrebbero animato con noi la “Festa del No” a Matera, della quale parleremo più avanti. Gli amici del comitato “Difendiamo i nostri figli” avrebbero poi ricambiato l’attenzione accogliendo Eugenia Roccella e Carlo Giovanardi in una manifestazione per il No organizzata a Verona e idealmente “gemellata” con un’altra iniziativa da noi promossa a Roma al Teatro Quirino. Visto com’è andata a finire, non c’è dubbio alcuno che il popolo del Circo Massimo abbia mantenuto la promessa. Renzi ci ricorderemo: se lo sono ricordati!

In quello stesso periodo si consuma in Senato il voto finale sulle riforme: un altro passaggio alla Camera e il ddl Boschi avrebbe terminato il suo percorso parlamentare. I giorni che precedono l’appuntamento di Palazzo Madama per quanto mi riguarda sono segnati in particolare da tre incontri, fra loro molto differenti.

Rivedo nel suo ufficio Maria Elena Boschi, con la quale nel tempo si era instaurato un rapporto franco che mi aveva sempre consentito di esprimere il mio pensiero, anche quando fortemente in dissenso, senza recidere il filo del dialogo. La trovo provata (era già esploso il caso Banca Etruria) ma agguerrita. Dietro sua precisa domanda, le comunico che nel passaggio finale le riforme costituzionali non avrebbero avuto il mio voto. Le spiego le ragioni individuando i momenti e gli snodi nei quali il percorso, che in parte ci aveva visto collaborare, aveva a mio avviso deviato dalla rotta. Le ricordo tutto quello che avevo fatto per cercare di ricondurre la riforma su una via praticabile e di come ogni richiesta fosse stata, ancorché con cortesia e gentilezza, rimandata al mittente. Per atto dovuto la Boschi cerca di convincermi ma, come io conosco bene quali siano i margini della sua autonomia, così anche lei ha presente quanto sia difficile farmi cambiare idea. La stretta di mano che chiude il colloquio è dunque un commiato. Da quell'ultimo incontro in poi, le ragioni della contesa politica si sarebbero fatte così aspre da non lasciare alcuno spazio alla possibilità di un confronto costruttivo.

Fra i ricordi di quel periodo c'è poi, su un piano completamente diverso, una colazione con Fedele Confalonieri. Il presidente di Mediaset è un amico personale. Assieme a Gina Nieri, amica anch'essa e suo fidato braccio destro, ci vediamo spesso a pranzo e le nostre conversazioni vertono innanzi tutto sulla letteratura francese, sul calcio, sugli aneddoti di vita, e poi anche sulla politica. In quell'incontro Fedele mi comunica la sua decisione di votare Sì al referendum costituzionale che presumibilmente si sarebbe svolto di lì a qualche mese, e mi suggerisce di assumere attivamente la stessa posizione. Gli espongo le ragioni per le quali non lo avrei fatto, e già che ci sono sconsiglio anche a lui di spendersi troppo apertamente. Ispirato da un buon calice di vino, e ancor più dalla stimolante compagnia, mi azzardo a prevedere che il referendum non sarebbe passato e che quella scadenza avrebbe determinato un'inversione di rotta nella vicenda politica italiana, rimettendo prepotentemente in pista il centrodestra. Mi spingo fino a pronosticare che Silvio Berlusconi alla fine sarebbe sceso in campo per il No, pur consapevole che lanciarsi con Fedele Confalonieri in un vaticinio sulle intenzioni di Berlusconi, pretendendo pure di avere ragione, sia un atto di indiscutibile superbia.

Nel corso della conversazione, lieve e piacevole come sempre nonostante quel punto di dissenso, il presidente di Mediaset mostra di comprendere le mie ragioni politiche, e nel motivare la sua scelta mi invita a considerare la diversa prospettiva di un uomo d'azienda – di un "lobbista", come si sarebbe definito nei colloqui con i giornali – intenzionato per di più a mantenere un rapporto di lealtà con Confindustria, già allora fortemente orientata per il Sì. Credo tuttavia di non peccare di presunzione nel ritenere di avere quel giorno contribuito in minima parte ad attutire l'esposizione sua e dell'azienda a sostegno della riforma renziana.

Infine, alla immediata vigilia del voto finale sulla legge di revisione costituzionale vengo contattato da Luciano Violante, con il quale – come già detto – avevo lungamente collaborato ricavandone un rapporto di reciproca stima. Vado a trovare Luciano nel suo ufficio presso la sede dell'associazione "Italiadecide". Dopo aver scambiato qualche battuta sul Napoli con la sua fida collaboratrice Danila Aprea, vengo introdotto da lui.

Quando si arriva ai momenti decisivi, sia che questi riguardino la dimensione personale sia che investano quella politica, Luciano è tranchant, quasi spietato. Anche stavolta non si perde in giri di parole. Mi dice che dopo aver consultato gli amici che con noi avevano collaborato nel primo tratto del percorso riformatore, era giunto alla conclusione che io sarei stato la persona più idonea a presiedere il comitato per il Sì. La sua intuizione, che cercherà poi di sviluppare durante tutta la campagna referendaria, è che per avere speranza di successo il comitato per il Sì debba essere a-renziano.

Con i miei modi, assai meno diretti dei suoi, declino la proposta. Lanciandomi in una specie di amarcord, ripercorro le tappe del cammino in occasione delle quali a mio avviso la nostra riforma era stata tradita, e soprattutto gli dico che secondo me uno spazio non renziano a sostegno di quel progetto è inimmaginabile. Renzi avrebbe fagocitato la campagna schiacciando il Sì sulla sua persona. Dal mio punto vista, questa sarebbe stata la carta migliore che il No avrebbe dovuto giocare per prevalere.

Una virile stretta di mano chiude il colloquio. Con Luciano ci saremmo rivisti innumerevoli volte durante la campagna referendaria, animatori dei rispettivi campi.

Siamo al prologo del voto finale in Senato, nel gennaio del 2016. Per essere approvata la riforma ha bisogno di 161 voti, la maggioranza assoluta dei componenti del Senato. La non partecipazione al voto equivale dunque a un voto contrario.

Lavoro molto alla dichiarazione da pronunciare in Aula, cercando di condensare in pochi minuti il senso di un percorso. Mi rendo conto che l'intervento non dev'essere riuscito male quando incontro nell'emiciclo il sottosegretario Luciano Pizzetti – uno che la riforma l'aveva seguita passo dopo passo –, che pur da posizioni diverse mi rivolge parole di grande e sincero apprezzamento. Non lo dico certo per auto-celebrazione, ma per dare atto a un avversario di un gesto di galanteria istituzionale raro e per questo difficile da dimenticare.

Insieme a me negano il loro consenso alla riforma i miei compagni di viaggio: Andrea Augello, Carlo Giovanardi, Luigi Compagna. Quest'ultimo, antesignano del No alla riforma renziana già da quando io ancora mi arrabattavo per aggiustarla e trovarvi del buono, è visibilmente compiaciuto di essere stato raggiunto sulle sue posizioni.

Grazie a questo manipolo di avanguardisti, nonostante il clima ovattato e le condizioni a dir poco propizie che avevano accolto a Palazzo Madama l'arrivo della riforma – erano rimaste magicamente in sospeso le promozioni ai posti di governo, le presidenze delle Commissioni, le richieste di custodia cautelare, le promesse per una norma che consentisse il terzo mandato ai sindaci con due consiliature alle spalle in cerca di riconferma – i voti provenienti dalla maggioranza si fermano al di sotto dell'asticella e i "Sì" di Denis Verdini si rivelano determinanti per portare a casa il risultato. I giornali non avrebbero mancato di rilevarlo. La festa è rovinata, ed è solo l'inizio.

20.

Come nasce l'accozzaglia

Nel periodo nel quale Renzi aveva lanciato apertamente la sua scommessa personale, tutti o quasi davano per scontata la vittoria del Sì. A me invece era parso proprio allora che si aprissero per il No prospettive interessanti. A due condizioni. Che intorno a quella posizione si aggregasse uno schieramento trasversale nel quale ognuno avrebbe dovuto giocare la parte che gli era propria, senza dunque immaginare che quel fronte eterogeneo potesse evolversi in aggregazione politica e tantomeno di governo. E che si impostasse una campagna elettorale diametralmente opposta rispetto a quella che Renzi aveva inaugurato nella conferenza stampa di fine anno. Le prime persone con le quali mi capita di parlarne, invitato per un caffè, sono il vicecapogruppo vicario di Forza Italia alla Camera, Mariastella Gelmini, e Claudia Porchietto, consigliera regionale azzurra in Piemonte. Ci troviamo d'accordo sul fatto che bisognasse partire dal basso, coinvolgere i territori, evitare di rincorrere il premier sul suo stesso terreno. Men che mai avremmo dovuto dotarci di un portabandiera unico da lanciare in un corpo a corpo individuale: Renzi non aspettava altro.

Ripercorrendone a posteriori il travagliato percorso, in questa legislatura penso di aver commesso molti errori. L'intuizione di una campagna referendaria "di strada" e corale mi sembrò invece fin da subito particolarmente azzeccata. D'altra parte in quei giorni erano le stesse esperienze concrete a offrirmene una sempre più evidente conferma.

Nei primi mesi di campagna referendaria, inaugurata da Renzi e dalla Boschi prima ancora che il Parlamento avesse approvato definitivamente la riforma costituzionale, due episodi in particolare si rivelano per me illuminanti circa le grandi potenzialità di successo della battaglia per il No.

Il primo ha come teatro la bella sede della fondazione "Italianieuropei" in piazza Farnese, dove mi reco insieme a due mie collaboratrici, Valentina Rovinalti e Valentina Scarpa, per lavorare a un convegno, a tutt'oggi in attesa di celebrazione, sulla parabola politica e istituzionale della cosiddetta Seconda Repubblica: un evento di carattere storico-scientifico nel quale coinvolgere attraverso interviste mirate i principali protagonisti degli anni a cavallo tra i due millenni. Ci troviamo intorno a un tavolo con Massimo D'Alema e i suoi più stretti collaboratori di "Italianieuropei", con la quale Magna Carta avrebbe condiviso l'iniziativa. Ultimata la ricognizione sull'evento, la conversazione si sposta inevitabilmente sull'attualità politica.

I giudizi di D'Alema sul governo Renzi sono sferzanti. Aveva notato la mia presa di posizione definitiva per il No e in quell'occasione per la prima volta annuncia che anche lui avrebbe partecipato alla campagna. Tra i nostri collaboratori prevale lo scetticismo: avremmo offerto una splendida testimonianza ma il premier sarebbe risultato imbattibile. A quel punto il nostro ospite indice un sondaggio fra gli astanti, chiedendo a ciascuno come avrebbe votato al referendum. È un plebiscito: siamo in sette e il No raggiunge il 100 per cento. Da quella rudimentale rilevazione demoscopica D'Alema ricava il suo pronostico: «Se in questa stanza raggiungiamo il 100 per cento, nel Paese potremmo arrivare al 60». Lo prendiamo per un visionario.

Il secondo episodio rivelatore si consuma in alta quota, in quel di Nusco, paese della montagna irpina del quale è sindaco Ciriaco De Mita. Ogni anno il primo cittadino, in collaborazione con l'Università partenopea Suor Orsola Benincasa, organizza corsi di approfondimento sul pensiero politico contemporaneo. Non è la prima volta che mi invita e non è la prima volta che condivido con lui il pasto in un ristorante-albergo dove, prima di pranzo e prima di cena, si consuma il rito dello scopone scientifico. A questo rito quando è presente non si sottrae neppure il nipote Giuseppe De Mita, al quale, ancorché coltivata su versanti opposti (io a destra, lui a manca), mi unisce la passione per la politica come arte di creare il possibile.

Il 10 marzo del 2016, relatore allo stesso seminario, c'è con me Pier Luigi Bersani, accompagnato dalla giornalista Chiara Geloni. Alla fine della cena, resa ancor più piacevole dall'incredibile brillantezza del nostro anfitrione, con il suo peculiare tono sarcastico De Mita mi dice: «Vedo che ci hai messo del tempo, ma alla fine mi hai raggiunto sulla retta via del No». Si rivolge a me ma occhieggia a Bersani il quale, sornione, se la ride sotto i baffi. Capisco in quel momento per la prima volta che l'allora minoranza Pd, espressasi in Parlamento a favore della riforma, avrebbe lungo la strada potuto rivedere la sua posizione.

È sempre nel solco della trasversalità che in questo stesso torno di tempo cerco appoggi tra i miei amici costituzionalisti che erano stati protagonisti del percorso di riforma, e che dunque avrebbero dovuto sapere meglio di altri quanto diversa dalle nostre intenzioni, nei metodi ancor prima che nei contenuti, fosse la parabola del disegno renziano. Quel mondo che per anni mi aveva affiancato e supportato attraverso la fondazione Magna Carta appare diviso. Molti sono schierati per il Sì con argomentazioni per lo più pragmatiche, della serie "meglio questo che niente". Altri mi danno ragione ma non intendono scendere nella pugna. Altri ancora, come Peppino Calderisi, che da esperto della materia aveva collaborato con me al ministero, sono convinti che quella riforma si ponga comunque nel solco del lavoro che noi avevamo svolto. Questi ultimi per tutta la durata della campagna referendaria avrebbero compulsato i resoconti stenografici dei lavori del Senato alla ricerca delle mie contraddizioni e dei miei ripensamenti. Al di là dei contenuti, sui quali sono comunque convinto di poter dimostrare (e di aver dimostrato) la linearità di un percorso, a me pare incredibile che non si colga la sostanza politica della vicenda, ancor più rilevante proprio perché si tratta di Costituzione: come lasciar passare sotto silenzio tutto quel che Renzi aveva combinato in violazione di ogni accordo e calpestando qualsiasi alleanza?

Al cospetto di questi non disinteressati esegeti dei miei interventi parlamentari, trattengo le reazioni che mi verrebbero istintive e mi sforzo di mantenere il confronto sul piano della civile contrapposizione di idee. Finché un giorno di fronte a un collega, un costituzionalista, che nel bel mezzo di un dibattito televisivo su Sky Tg24 tira fuori il solito foglietto per declamare l'ennesimo verbale, sbotto: «Quei fogli te li puoi anche schiaffare tu sai dove».

Insomma, anche sul piano culturale c'è bisogno di ricostruire un esercito. E anche in questo caso lo si sarebbe dovuto fare trasversalmente, accostando le ragioni di chi come me ha sempre avuto un approccio riformatore alle ragioni dei conservatori costituzionali che a lungo erano stati i miei avversari.

Rimuginando sul da farsi, mi viene in mente che da questo punto di vista un prodotto utile alla campagna potrebbe essere una schietta conversazione con Valerio Onida, presidente emerito della Corte Costituzionale e rappresentante illustre della scuola giuridica con la quale la mia parte si era sempre scontrata. A entrambi è chiara la diversità dei punti di partenza. Entrambi siamo consapevoli degli sforzi reciproci compiuti per cooperare, fin dal gruppo di lavoro istituito dal presidente Napolitano per superare lo stallo post-elettorale del 2013, gruppo di cui tutti e due avevamo fatto parte. Entrambi, dunque, sappiamo quanto il risultato finale del percorso di riforma sia distante dalla speranza originaria che tutti insieme avevamo faticosamente coltivato. Non a caso, d'altra parte, dei quattro "saggi" nominati da Napolitano, in tre siamo per il No (Onida stesso, Mauro ed io) e il quarto, Luciano Violante, è per un Sì critico e riluttante.

Chiamo Onida e gli propongo il progetto: un franco colloquio, ospitato nella sede di Magna Carta, dal quale ricavare un agile *pamphlet* che ricostruisca il percorso delle riforme e le ragioni per le quali, con sempre maggiore evidenza, si era fatta strada in ambedue la propensione per il No.

Siamo ad aprile inoltrato. In quel momento il referendum sembra essere previsto per l'inizio dell'autunno: arrivare in tempo è una missione quasi impossibile. C'è bisogno di un editore abituato a fare miracoli e di un giornalista che contribuisca a tradurre in poesia ciò che noi avremmo reso in prosa. Chiamo allora il mio amico Florindo Rubbettino, con il quale condivido familiarità e imprese editoriali fin dai tempi nei quali lui era uno studente universitario e io un giovane ricercatore. Mi dice che si può fare. Chiedo allora a una mia collaboratrice, Claudia Passa, di aiutarci.

L'appuntamento in fondazione è per il tardo pomeriggio di giovedì 16 maggio. A luglio il volumetto è già nelle librerie. L'unico motivo di indecisione aveva riguardato la scelta del titolo ma un giorno, mentre eravamo alle prese con il dilemma, era provvidenzialmente passato da me Maurizio Belpietro. Ne avevo approfittato per chiedergli quale avrebbe scelto tra tre opzioni: una conteneva la parola "Perché", una la parola "Saggio", una la parola "No". "Semplice!", aveva sorriso. «Perché è saggio dire No». Il sottotitolo sarebbe venuto naturale: «La vera storia di una riforma che ha "cambiato verso"».

Presentiamo il libro in una calda giornata di luglio nella galleria Alberto Sordi a Roma. Sul palco, coordinati da Bianca Berlinguer (ancora per poco direttore del Tg3), con me e Onida ci sono Anna Finocchiaro, Antonio Polito e Stefano Parisi. L'outing di Polito a favore del No pronunciato in quella sede è per me una sorpresa. Con Parisi invece avevo discusso pochi giorni prima e alla fine aveva convenuto sul fatto di dover superare la neutralità che aveva mantenuto per tutta la campagna per le elezioni comunali di Milano.

Insomma: settimana dopo settimana, giorno dopo giorno, passo dopo passo, inizia a prendere forma quella che Renzi avrebbe consegnato alla storia con il nome di Accozzaglia.

21.

Meravigliosa frittura

Convinto ancora di essere proiettato verso un'esaltante vittoria sul terreno delle riforme, nella tarda primavera Renzi prova a disinnescare le imminenti elezioni amministrative, che coinvolgono città importantissime come Roma, Milano, Napoli, Torino, Trieste, Cagliari e altre, puntando tutto sulla campagna referendaria. Mentre nelle piazze ci si contende la guida dei più grandi Comuni italiani, il segretario del Pd continua a parlare di riforma del Senato e abolizione del Cnel.

Fatto sta che le amministrative del giugno 2016 si rivelano per lui qualcosa più di un campanello d'allarme. In estrema sintesi, quella tornata decreta una clamorosa vittoria del Movimento 5 Stelle chiamato al governo di due città di prima grandezza quali Roma e Torino, un inequivocabile segnale di ripresa del centrodestra (laddove è in grado di presentarsi con una proposta unitaria), una sconfitta del Pd che si salva in calcio d'angolo conquistando al ballottaggio il Comune di Milano dove pure Stefano Parisi, dopo un eccellente risultato al primo turno, pareva avesse un'autostrada per imporsi.

Renzi non avrebbe colto il messaggio, nonostante al secondo turno i candidati del Pd superstiti avessero implorato la sede nazionale di non far partecipare il premier alle manifestazioni. La campagna referendaria, da quel momento in poi, si sarebbe definitivamente trasformata in un gioco dell'uno contro tutti. La presenza di Renzi in televisione sarebbe diventata progressivamente egemone, straripante, ossessionante. Impossibile, a posteriori, non cogliere in questa arrogante inconsapevolezza il suo più grave errore.

È proprio nel periodo delle elezioni amministrative che il conflitto all'interno del Pd da strisciante si fa esplicito. La svolta è rappresentata da un avvenimento di cui sono involontario testimone e co-protagonista.

La scena ancora una volta è ambientata nella sede di "Italianieuropei" a piazza Farnese – anzi, per precisione, sul pianerottolo davanti alla porta – e ancora una volta l'occasione è il convegno in gestazione sugli anni della Seconda Repubblica. Al termine di una riunione scientifica preparatoria, D'Alema ed io, in compagnia di una decina tra professori universitari e collaboratori, ci avviamo verso le scale. Le elezioni comunali sono imminenti, il referendum comunque vicino. Si discute di pronostici, soprattutto per quanto riguarda la città di Roma. D'Alema non nasconde lo scetticismo sul risultato che sarebbe stato riportato dal candidato del Pd Roberto Giachetti, in gara al secondo turno contro l'aspirante sindaco del Movimento 5 Stelle, e non omette nemmeno di segnalare la correlazione per lui evidente tra l'infausta prognosi e l'impostazione che Matteo Renzi aveva dato alla campagna referendaria.

Pochi giorni dopo, sulle pagine di «Repubblica», un retroscena trasforma quel siparietto in un *endorsement* di D'Alema a favore di Virginia Raggi. È del tutto evidente che qualcuno tra i presenti, a mio avviso tra i professori universitari, aveva riportato quella versione dei fatti.

Mi sento allora in dovere di intervenire e ripristinare la verità: l'episodio si era verificato, ma si era trattato di poco più che una chiacchierata goliardica. In particolare la conversazione non aveva risparmiato critiche nei confronti del Pd e del suo segretario ma, al di là del tono iperbolico e scherzoso, queste non si erano mai tradotte in una dichiarazione di voto per la candidata pentastellata.

Fatto sta che al dunque la profezia si avvera. Giachetti perde rovinosamente, e quella sconfitta rende chiaro ciò che a me pareva evidente già da qualche mese: la curva del renzismo aveva svoltato e puntava con decisione verso il basso.

Durante l'estate, con il nostro ancora piccolo movimento "Idea", decidiamo di imbarcarci in un'impresa più grande di noi: l'organizzazione di una festa nazionale per il No. La *location* prescelta è Matera, il periodo fissato è l'inizio di settembre. In quel momento non possiamo prevedere se si sarebbe trattato di un'apertura di campagna elettorale o di una sorta di grande happening di chiusura, perché nel frattempo la data del referendum è divenuta un mistero. Fin quando infatti i sondaggi avevano dato il Sì in vantaggio, sembrava quasi che si dovesse andare a votare in piena estate, trasformando le cabine dei lidi in cabine elettorali. Non appena il vento aveva iniziato a girare, la tempistica del voto era stata avvolta da una spessa coltre di nubi, spostate dal soffio dell'incertezza sempre più verso il periodo invernale. Decise le coordinate per la festa, per noi è fin troppo facile ironizzare: «Se Renzi non dà una data, intanto la diamo noi: 8 e 9 settembre appuntamento a Matera!».

L'impostazione della kermesse avrebbe seguito l'intuizione iniziale di tutta la campagna: unire trasversalmente le differenti opposizioni alla riforma e, in particolare, utilizzare il referendum che sempre più palesemente divideva il centrosinistra per unire il centrodestra. Nei preparativi ci aiutano gli amici di "Italia Unica", il movimento che era stato fondato da Corrado Passera. Nonostante nel frattempo Passera avesse deciso di porre fine a quell'esperienza, lui e alcuni dei suoi più stretti collaboratori si sarebbero mobilitati con passione in vista della scadenza referendaria, che aveva rappresentato uno dei terreni di maggior impegno per il loro movimento. Tra questi Pino Bicchielli, stabilito il contatto con la squadra di "Idea" nel periodo del referendum, ne sarebbe entrato a far parte divenendo uno dei membri della segreteria nazionale.

Alla festa lavoriamo tutta l'estate. Nelle intenzioni avrebbe dovuto svolgersi interamente in piazza, all'ombra di una delle più belle chiese della città dei sassi. L'allestimento di stand e palchi è uno spettacolo, ma quella scenografia rimane inutilizzata a causa di una pioggia inattesa e imprevedibile. Un vero e proprio torrente d'acqua! Indebitandoci ulteriormente, affittiamo alberghi e sale per ospitare tutte le attività in programma. Al dunque, l'iniziativa si rivela un grande successo, all'altezza delle intenzioni e delle aspettative maturate durante il duro lavoro preparatorio.

Anche dal punto di vista umano quell'appuntamento ci avrebbe regalato sorprese notevoli. Momenti conviviali divertenti e solo qualche mese prima assolutamente inimmaginabili, che avrebbero visto sedere allo stesso tavolo fra gli altri Bianca Berlinguer e Carlo Freccero, Silvia Truzzi del «Fatto Quotidiano» e Maurizio Belpietro, Giulio Tremonti e Sofia Ventura, il sindaco di Ascoli Guido Castelli e il costituzionalista Mario Esposito, prezioso e generoso partner di tante iniziative in giro per l'Italia. Se ci fosse stata una spia del Sì, avrebbe trasformato quelle istantanee in uno scoop para-scandalistico!

La verità è che il referendum stava abbattendo barriere e pregiudizi che sembravano insuperabili, senza che la condivisione della battaglia per il No implicasse la rinuncia alle diversità ideali di fondo.

Togliemmo le tende da Matera con la sensazione di un vasto schieramento trasversale che si andava raggruppando contro la riforma, e di un centrodestra che su quella trincea si cementava ogni giorno di più.

Era sempre più chiaro che la formula vincente sarebbe stata quella di marciare divisi per colpire uniti. Non c'era bisogno di cambiare linguaggi né di mettere in discussione le proprie ragioni di opposizione alla riforma, spesso diverse le une dalle altre. D'altronde i referendum propongono un'alternativa binaria, che non impone una coerente identità ideologica all'interno degli schieramenti. Nelle urne i Sì e i No si sommano, indipendentemente dalle motivazioni per le quali la coscienza detta a ciascuno la propria scelta.

Mossi da queste convinzioni e galvanizzati dal buon andamento della campagna, dall'indomani lavoriamo a due nuove iniziative in vista della partita finale che nel frattempo era stata fissata per il 4 dicembre.

Innanzi tutto creiamo un collegamento tra i tantissimi comitati per il No che erano sorti spontaneamente nel Paese. Il nostro è denominato "Civici e riformatori per il No". Fra i più grandi ne contiamo almeno una ventina. La riunione ha luogo il 6 ottobre nella sede di "Idea", e fin da subito appare chiaro che per valorizzare il carattere plurale di quella campagna polifonica, il coordinamento avrebbe dovuto essere minimo ed eminentemente tecnico. La formula la conia Renato Brunetta parlando dei "cento fiori" che sarebbero sbocciati da sé e che quella struttura essenziale di collegamento avrebbe dovuto semplicemente assecondare nella loro diversità.

Sulla base di questa stessa propensione di fondo, Massimo D'Alema ed io convochiamo per il 13 ottobre presso la Residenza di Ripetta, a nome delle fondazioni che rispettivamente presiediamo, un evento trasversale per il No. Nelle nostre intenzioni la riunione avrebbe dovuto avere un carattere prevalentemente teorico, per questo avevamo affidato ai professori Andrea Pertici (per "Italianieuropei") e Luca Antonini (per "Magna Carta") il compito di svolgere una relazione sulle incongruenze della riforma renziana e di illustrare una semplice proposta alternativa: utilizzare il tempo rimanente prima delle elezioni politiche per ridurre il numero dei parlamentari e semplificare l'iter di formazione delle leggi, attraverso un comitato di conciliazione tra Camera e Senato utile a limitare il meccanismo della "navetta", ovvero il ping pong da una Camera all'altra. Per inciso, questa proposta è stata tempestivamente formalizzata in un disegno di legge ma, come si dirà più avanti, non ha mai proseguito il suo percorso parlamentare a causa delle manovre messe in atto dal segretario del Pd nel tentativo di interrompere a suo piacimento la legislatura.

La Residenza di Ripetta si gremisce in un batter d'occhio. Nel mio intervento di apertura specifico che in quella sala ci sono avversari politici che non avrebbero mai condiviso un progetto di governo e tantomeno una militanza partitica. Si tratta però di persone convinte di appartenere a una stessa comunità nazionale e, per questo, desiderose di compartecipare alla scrittura delle regole di quella comunità. La vittoria del Sì al referendum lo avrebbe impedito. I sostenitori del No sono divisi sui princìpi di fondo ma propensi a unire il Paese attraverso regole condivise. Dall'altra parte il Sì avrebbe diviso il Paese sulle regole proponendo per il resto una unione posticcia tra una parte della sinistra e una parte della destra, non supportata da un comune pensiero forte bensì da un mero progetto di potere.

Subito dopo, D'Alema rincara la dose. «Non esiste uno schieramento politico del No – afferma –, mentre esiste un blocco governativo del Sì, sostenuto dai poteri forti. Uno schieramento minaccioso, da cui capita di subire insulti».

In breve tempo tuttavia i discorsi, sia i nostri che quelli dei costituzionalisti, passano in secondo piano. Non avevamo infatti chiuso le nostre porte né ci eravamo preoccupati delle *photo opportunity*, e ben presto ci accorgiamo che in platea si era concentrata una umanità varia, difficilmente riconducibile a qualunque tipo di logica politica. Il parterre taglia trasversalmente tanto l'arco costituzionale quanto le generazioni: si va da Maurizio Gasparri a Pippo Civati, da Giancarlo Giorgetti a Lamberto Dini, da Paolo Romani a Stefano Rodotà, da Renato Brunetta a Massimo Mucchetti, da Massimiliano Fedriga a Bobo Craxi, da Anna Maria Bernini a Davide Zoggia, da Altero Matteoli a Cesare Salvi, da Gianfranco Fini a Paolo Cirino Pomicino, da Renato Schifani a Lorenzo Cesa, da Lucio Malan a Walter Tocci, da Giuseppe De Mita a Francesco Campanella, da Mario Ferrara a Paolo Corsini, da Mario Mauro fino ad Antonio Ingroia, che passava di lì per un sopralluogo alla *location* in vista della presentazione di un suo libro, e già che c'è si unisce all'allegra brigata. E nonostante la sinergia tra memoria umana e fonti aperte dalle quali attingere, sono certo di aver dimenticato qualcuno.

C'è chi resta seduto ad ascoltare, chi passa saluta e se ne va, chi chiede di prendere la parola. In ogni caso, miele per la propaganda renziana. Di lì a qualche tempo il premier avrebbe tirato fuori la categoria dell'Accozzaglia per definire i sostenitori del No, e in quel periodo il comitato per il Sì si spinge fino a far recapitare nelle case degli italiani un volantino nel quale campeggia un collage di alcuni volti rappresentativi del fronte avversario, con il chiaro intento di contrastare l'offensiva politica con un'azione di mostrificazione e *character assassination*.

Nell'immediato, quella giornata sembra segnare un punto a favore di Matteo Renzi: nessuno degna di attenzione la proposta che avevamo avanzato, mentre si sprecano gli sfottò su quella eterogenea adunata spontanea. Col passare dei giorni, invece, la campagna di dileggio si rivela per il premier l'ennesimo autogol. La pittoresca platea del Ripetta aveva dato il segno della vastità del dissenso rispetto alla sua riforma, e soprattutto aveva evidenziato lo stato di solitudine di un potere arrogante: un solipsismo incompatibile con il proposito di revisionare così in profondità la Carta che regola la convivenza civile di una comunità nazionale. Come avrei osservato sul mio blog sull'"Huffington Post", quella iniziativa aveva marcato la distanza tra "l'estetica del Sì e l'etica del No".

Da quel momento in poi non avrei fatto nulla per evitare di trovarmi in contesti che potessero evocare la categoria dell'Accozzaglia.

Tra agosto e dicembre prendo parte a più di cento manifestazioni per il No, toccando tutte le regioni tranne la Valle d'Aosta e percorrendo 49.972 chilometri in lungo e in largo per l'Italia. Intervengo in comizi, convegni scientifici, dibattiti, molti dei quali in contraddittorio con Luciano Violante: con lui in particolare non sarebbe mai venuto meno un rispetto di fondo per le reciproche ragioni.

A volte mi trovo in netta minoranza, anche uno contro tre, come ad esempio all'Università di Vicenza. Altre volte ancora, anche la più rigorosa disciplina vacilla sotto l'effetto della sbornia del momento. Accade quando su invito del coordinatore Alessandro Pepe partecipo a Napoli a una tavola rotonda sulla giustizia organizzata dal gruppo di magistrati "Autonomia e Indipendenza", con Piercamillo Davigo, lo stesso Pepe e la parlamentare del Pd Donatella Ferranti. Avevo fatto per una volta eccezione alla regola di non prendere parte in quel periodo a iniziative che non riguardassero il referendum e, visto il contesto, la consegna di tenersi alla larga dalla contesa politica in corso è rigidissima. Il fatto però è che discutendo di giustizia viene naturale soffermarsi sulla qualità della legislazione, di lì a parlare del procedimento legislativo il passo è breve e… Insomma, il pensiero e la lingua sono inevitabilmente attratti dal chiodo fisso. La mia sensazione, però, è che all'uditorio non dispiaccia.

I ricordi più vivi sono quelli nei quali l'Accozzaglia si materializza in tutto il suo splendore: in un garage a Torre Annunziata con Miguel Gotor, in un tour nel torinese con Armando Spataro, alla Selva di Fasano impressionato da un Michele Emiliano che avrebbe dovuto contraddirmi e che invece mi supera nella vis polemica nei confronti della riforma e soprattutto della gestione renziana della campagna referendaria.

Il culmine della trasversalità lo raggiungo tuttavia in un confronto in diretta tv organizzato dal Tg1, quando mi trovo, a pochi giorni dalle elezioni e in orario di massimo ascolto, a contrastare il duo Lorenzin-Richetti facendo coppia con la senatrice Paola Taverna del Movimento 5 Stelle. Sul fronte del Sì viene offerta una rappresentazione coerente sia sul piano dell'immagine che dal punto di vista ideologico; dall'altra parte, due persone che difficilmente si sarebbero potute pensare più diverse nell'approccio alla politica e nel modo di comunicare. Al dunque, quella diversità si rivela vincente. Paola Taverna ed io ci integriamo perfettamente e, a mio avviso, surclassiamo di parecchio i nostri avversari.

Il ricordo più bello di quella lunga, esaltante e anche divertente campagna referendaria è ambientato nel profondo Sud. Il *casus belli* è la rivelazione del «Fatto Quotidiano» su una riunione che il governatore della Campania Vincenzo De Luca aveva indetto per esortare trecento amministratori locali a lui vicini a mettere massicciamente in campo ogni tipo di clientela a favore del Sì, sollecitando in particolare, a titolo di esempio, il sindaco di Agropoli, indicato nell'universo deluchiano come un vero e proprio campione dell'insediamento clientelare.

Se dovessi valutare l'iniziativa del Presidente della Regione Campania con gli occhi del professore, parlerei di un errore di grammatica politica: una campagna referendaria non si può affrontare con le categorie di una elezione amministrativa. L'occasione è però indiscutibilmente ghiotta per farne un caso emblematico rispetto alla dubbia moralità dei metodi utilizzati dallo schieramento del Sì.

Con Maurizio Gasparri immaginiamo di andare ad Agropoli e inscenare lì una manifestazione goliardica. Coinvolgiamo anche Mara Carfagna, preoccupata per i nostri possibili eccessi: quando Maurizio ed io ci mettiamo a cazzeggiare, si sa come si comincia e non si sa come si finisce.

Poiché De Luca aveva invitato il sindaco a non lesinare la distribuzione di frittura di pesce al popolo, Gasparri, sulle note di Gianna Nannini, compone una strepitosa parodia intitolata "Meravigliosa frittura". All'ultimo momento però, preoccupato che l'iniziativa possa degenerare, si tira indietro. Non mi resta che una carta da giocare: un appello pubblico dai microfoni di "Un giorno da pecora", simpatica trasmissione di Radio Uno assai frequentata sia da lui che da me nel tentativo di prenderci un po' meno sul serio.

L'appello va a buon fine. La sera successiva parto per Agropoli con il deputato ex lettiano Guglielmo Vaccaro. Il giorno dopo ci raggiungono Gasparri, Mara Carfagna e gli altri parlamentari di centrodestra della zona.

L'iniziativa è un trionfo. L'esecuzione canora della parodia gasparriana, con un vero cantante a fare da schermo a salvaguardia dei timpani dell'uditorio e noi a berciare alle sue spalle, viene trasmessa in diretta da "L'aria che tira" su La7. I volantini che avevamo preparato finiscono in pochi minuti. E, nel gran finale, liberiamo nel mare cilentano alcuni pesci vivi che avevamo mantenuto in acqua in un apposito contenitore, come simbolo di quelli che De Luca avrebbe voluto indorati e fritti, e più in generale come emblema della liberazione del Sud dalla morsa di quelle clientele che la vittoria del Sì avrebbe invece rafforzato.

In politica c'è una regola che difficilmente può essere contraddetta: quando nonostante la fatica ti diverti, vuol dire che le cose vanno bene.

È in questo stato d'animo decisamente positivo che ci si trova quando ci rendiamo conto che su tutti noi aleggia un'insidia: il voto degli italiani all'estero. Sapevamo fin dall'inizio che il pronunciamento dei nostri connazionali oltreconfine, per il diverso grado di accessibilità agli strumenti di propaganda a seconda che si sia al governo o all'opposizione, e per la scarsa trasparenza delle procedure previste, avrebbe potuto comportare un problema.

L'improvviso attivismo dei membri dell'esecutivo in iniziative istituzionali nei cinque continenti (a spese dei contribuenti) era inoltre altamente sospetto, e le nostre preoccupazioni avevano trovato piena conferma nelle numerose segnalazioni secondo le quali la rete diplomatica, lungi dall'essere neutrale, spesso si adoperava per promuovere incontri per il Sì e boicottare iniziative di segno opposto.

A far esplodere il caso in tutta la sua portata dirompente è però un incontro del ministro Boschi e del senatore Pd Roberto Cociancich, coordinatore nazionale del comitato "Basta un Sì", con i rappresentanti dei comitati per il Sì europei, improvvidamente per loro (e provvidenzialmente per noi) trasmesso in diretta Facebook. Nel bel mezzo della chiacchierata, la Boschi chiede infatti ai suoi interlocutori se abbiano ricevuto "la lettera del Presidente del Consiglio" con l'invito a votare per il Sì. L'incauto Cociancich aggiunge che la missiva sarebbe giunta agli italiani all'estero "contemporaneamente" alla scheda per votare e il Ministro delle Riforme, nell'allarmato tentativo di mettere una pezza, finisce col ribadire il concetto specificando che si sarebbe trattato di una "contemporaneità cronologica".

Il tema è enorme. Il Ministro delle Riforme annuncia una lettera del Presidente del Consiglio, l'ufficio stampa del Pd corregge il tiro dicendo che si tratta di una iniziativa elettorale (comunque costosissima) del partito, i dati anagrafici degli italiani residenti all'estero erano stati richiesti al Viminale dal comitato "Basta un Sì", il Ministro dell'Interno (responsabile della correttezza del procedimento elettorale) parla due giorni dopo di «un'iniziativa assolutamente normale che ha tutta l'istituzionalità che giustifica l'intervento di un Presidente del Consiglio che promuove il voto». In questo gioco delle tre carte tra "livello politico" e "dimensione istituzionale", non possiamo fare a meno di chiederci in che modo sarebbe stata garantita la "contemporaneità cronologica" tra il recapito delle lettere di Renzi e la consegna delle schede elettorali, e se c'entri nulla il fatto che il Presidente del Consiglio, il segretario del Pd e il referente politico del comitato "Basta un Sì" sono la stessa persona. La sola ipotesi che ai nostri concittadini possano essere consegnate in contemporanea con una mano la scheda elettorale distribuita dagli apparati istituzionali e con l'altra una lettera del Presidente del Consiglio che dà istruzioni su quale casella sbarrare è chiaramente insopportabile.

L'olezzo si avverte a distanza. Di consegne contestuali dei due plichi non abbiamo alcuna evidenza, ma alcune stranezze che iniziano a venir fuori man mano che sui social network compaiono le foto delle buste piovute nelle case dei nostri connazionali oltreconfine non fanno che accrescere i sospetti che ci sia comunque qualcosa sotto. Insomma, è allarme rosso. Anche perché queste voci dal sen fuggite fanno il paio con quanto una mattina mi aveva raccontato in una preoccupatissima telefonata Dino Boffo, già direttore di «Avvenire». Dino mi aveva riferito che durante una cena, a margine di un dibattito, il costituzionalista Stefano Ceccanti, accanito sostenitore della riforma renziana, si era lasciato andare pronosticando una sconfitta del Sì sul territorio nazionale per circa due punti percentuali, che sarebbero però stati recuperati grazie ai plichi con le schede degli italiani all'estero.

Certo, i nostri avversari sono evidentemente preoccupati e dunque questi discorsi sembrano riecheggiare in versione postmoderna le voci sull'arma segreta a disposizione dei tedeschi diffusesi quando le sorti della Seconda guerra mondiale erano già segnate. Nondimeno però, pensando all'esperienza delle elezioni presidenziali austriache, annullate dalla Corte Costituzionale dopo essere state ribaltate dal voto dei cittadini residenti all'estero tacciato di irregolarità, questa storia fa paura. La posta in gioco per il governo è altissima, e il procedimento elettorale oltreconfine talmente disordinato da rendere non impossibile una manipolazione del risultato.

Comprendiamo che l'unica cosa da fare è accendere i riflettori sulla vicenda: qualsiasi fosse il "fattaccio" in gestazione, alzando il livello dell'attenzione i nostri avversari non avrebbero potuto farla troppo grossa. Chiediamo, tutti i comitati insieme, udienza alla Farnesina. Con Renato Brunetta, Guido Calvi, Alfiero Grandi e Roberto Menia ci rechiamo in delegazione dall'allora ministro degli Esteri Paolo Gentiloni, al quale consegniamo un dossier messo insieme in fretta e furia e da cui riceviamo ampie rassicurazioni con un atteggiamento istituzionalmente consono alla gravità del momento. Gentiloni ci informa di essere in contatto con il presidente Mattarella, e allo stesso Mattarella scriviamo una lettera anche noi.

Finché un bel giorno, all'improvviso, ecco spuntare la pistola fumante! Peppino Gargani, presidente del "Comitato popolare per il No", rivela di aver chiesto a suo tempo al Viminale, a norma di legge, l'elenco degli elettori iscritti all'anagrafe degli italiani residenti all'estero, e di aver ricevuto un inutile dischetto con circa quattro milioni di nominativi sprovvisti di indirizzi e recapiti telefonici. La magagna appare evidente: se il comitato per il Sì ha potuto spedire lettere in ogni angolo del mondo, o dispone degli indirizzi che ai sostenitori del No sono stati negati, o ha potuto contare sulla rete diplomatica che per noi è chiaramente inaccessibile. Comunque la si metta, un fatto di inaudita gravità.

Montiamo su un casino, a seguito del quale anche giornalisti indipendenti come Enrico Mentana chiedono pubblicamente spiegazioni al governo. Il Viminale smentisce con una nota che vi siano state disparità di trattamento, e afferma di aver consegnato tanto a "Basta un Sì" quanto al comitato per il No che lo aveva richiesto un cd con tutte le informazioni necessarie e legalmente consentite. Urge ribattere, e la cosa migliore è che sia Gargani a farlo fornendo ulteriori specificazioni sul contenuto del suo dischetto.

Peppino è politico appassionato e persona perbene, ma certamente non un mago dell'informatica. In assoluta buona fede mi spiega che suoi non meglio precisati tecnici a furia di cercare hanno rinvenuto nei file alcuni dati, ma che per il formato in cui sono articolati risultano inutilizzabili. Un brivido mi corre lungo la schiena. Gargani vorrebbe diramare un comunicato per rettificare parzialmente le sue dichiarazioni iniziali ma la mia furia lo investe. Gli chiedo di confermare tutto in due righe senza aggiungere altro, consegnare il corpo del delitto a una mia collaboratrice che spedisco da lui di corsa, e poi chiudersi in casa in silenzio stampa. Mentana, fiutato l'inghippo, previdentemente si scusa in diretta.

Con Renato Brunetta e Roberto Calderoli, con cui sono in costante contatto sulla vicenda, ci interroghiamo sul da farsi. A una prima occhiata i "tecnici" di Peppino sembrano avere ragione: anche secondo i nostri ragazzi gli indirizzi ci sono, ma in un formato che richiederebbe settimane se non mesi di lavoro per poterli trasformare in etichette postali. E una discrepanza tra una delle stringhe e il corrispondente indirizzo riportato su una delle buste spedite dal comitato per il Sì, riaccende i sospetti su una possibile disparità nell'accesso ai dati. Poi, la notte successiva, accade il disastro. Uno dei giovani volenterosi che avevamo mobilitato trova su internet le istruzioni per decriptare i dati contenuti nel dischetto: basta un click, e gli indirizzi sono immediatamente pronti all'uso.

Insieme a noi aveva seguito tutta la vicenda Paolo Cirino Pomicino, amico di Gargani. Appena lo avvisiamo dell'increscìosa novità, Paolo non trattiene un'esclamazione che da quel momento in poi sarebbe diventata il nostro grido di battaglia: «Mannaggia al cazzo!».

Di quel pasticcio non sarebbe trapelato nulla. Forse siamo stati fortunati. O forse, più probabilmente, sugli italiani all'estero il governo in qualche modo l'aveva fatta talmente grossa che qualsiasi ulteriore approfondimento avrebbe potuto ritorcersi contro il fronte del Sì.

Al dunque nella circoscrizione estero, a differenza che sul territorio italiano, il Sì avrebbe prevalso. Lo avrei evidenziato anche a Gentiloni nel corso delle consultazioni per la nascita del suo governo: «Continuo a pensare che tanti di voi sul voto oltreconfine ne abbiano combinate di cotte e di crude, ma comunque sei stato l'unico del Pd ad aver vinto il referendum nel proprio territorio di competenza…». Com'è noto, tuttavia, quel vantaggio non sarebbe bastato.

A conti fatti, le forzature compiute da Renzi per provare a vincere quel referendum costituzionale che aveva trasformato in una mano di poker sono state numerose e gravi, sia dal punto di vista del costume politico che da quello del rigore istituzionale. Dal balletto sulla data alle spregiudicate mosse per assicurarsi un quesito-spot oggettivamente illegittimo, dall'occupazione militare dell'informazione alla lievitazione della spesa pubblica a fini di mance elettorali, per finire con i tour dei ministri oltreconfine e con la vicenda oscura del voto degli italiani all'estero.

Degna di nota era stata anche la performance in diretta Facebook durante la quale, per smentire l'accusa di voler privare i cittadini del diritto eleggere i senatori, il premier aveva sventolato a favor di telecamera un presunto fac-simile della scheda elettorale per il futuro Senato riformato. Una "patacca" e anche una grave scorrettezza istituzionale, dal momento che, in caso di vittoria del Sì, il Senato avrebbe dovuto avere una nuova legge elettorale e quella legge l'avrebbe approvata il Parlamento, non certo il premier.

Nonostante tutto, i sondaggi fino all'ultimo avevano indicato una lieve prevalenza del No. Vista l'esiguità della forchetta, tuttavia, se si fosse dato retta alle rilevazioni demoscopiche ci sarebbe stato poco da star tranquilli.

La mattina di sabato 3 dicembre, il giorno prima del referendum, mi telefona Franco Bonferroni, già senatore democristiano, amico come me del cardinale Camillo Ruini. È allarmato: la sera precedente aveva partecipato a una cena a Reggio Emilia, e su venticinque commensali solo lui si era espresso a favore del No. Alla mia richiesta su quale fosse l'estrazione sociale media del suo estemporaneo campione, mi risponde spiegandomi che si trattava di alta borghesia, tendenzialmente radical chic. A me sembra un'ottima notizia: «Abbiamo vinto. Ti saresti dovuto preoccupare se fosse prevalso il No».

In questi sondaggi fai-da-te la mia bussola sono sempre stati i genitori dei compagni di calcetto di Enrico, il figlio di Laura Berlinguer e Luca Telese. Con loro Luca si fermava a pranzo in occasione di ogni partita, e ogni volta li sottoponeva all'informale test. Io lo chiamavo per sapere i risultati. In quell'ambiente assai composito e fondamentalmente popolare, il No è rimasto sempre graniticamente in testa. Anche nei momenti di più forte dubbio, una telefonata a Luca serviva per riprendere coraggio.

La mattina della domenica risultò subito evidente che le cose si mettevano bene. Le notizie sui sondaggi *last minute* e sugli *exit poll* si susseguivano, e col passare delle ore il trend si orientava sempre più decisamente verso il No. Quando durante il pomeriggio Fausto Carioti mi diede per primo contezza di ciò che avvertivo nell'aria ma scaramanticamente non osavo sperare – ovvero di un divario numerico che si andava consolidando intorno al 60-40 – non sapevo se lasciarmi andare all'euforia o perseverare nel rigore apotropaico fino alla chiusura delle urne. Chiamai allora Antonio Noto, il quale mi confermò la prospettiva di una vittoria nettissima e ormai irreversibile. Fu allora che misi da parte ogni cautela e ogni scaramanzia.

Nonostante la vittoria mi fosse stata annunciata, la proclamazione del risultato alla chiusura dei seggi fu un'emozione. Festeggiammo in modo parco nella sede di "Idea", dove ogni tanto si materializzava qualcuno dei compagni di viaggio che con noi avevano percorso un piccolo tratto di strada.

In fondo, quella data portava bene. Il 4 dicembre era il giorno in cui Cicerone aveva liberato Roma dai nemici della Repubblica, e anche per questo uno dei miei primi atti dopo il referendum sarebbe stato recarmi al suo mausoleo a Formia per rendergli omaggio.

Tra me e me ripensai a un siparietto che era andato in scena qualche mese prima al Senato. Replicando in aula a un mio intervento durante il quale avevo usato la formula retorica del "non mi piace vincere facile", Renzi aveva confessato di avere a volte l'impressione che a me non piacesse vincere proprio. Certo, in quella lunga traversata nel deserto avevo subìto sconfitte e umiliazioni. Ma alla fine la partita più importante della legislatura, tra gli altri, l'avevo vinta anch'io. Soprattutto l'aveva vinta il Paese.

22.

Il giglio sfiorito

Nel corso della campagna referendaria si erano scontrate, in realtà, due concezioni della politica differenti sia per contenuti che per metodi. Da una parte l'Accozzaglia, che non aveva rinunciato alle sue diversità ma si era ritrovata sull'esigenza di condividere le regole del gioco. Dall'altra uno schieramento che aveva trasferito la coesione governativa, alimentata da una comune gestione del potere, sul più alto livello delle norme costituzionali che regolano il sistema.

Questa differenza di fondo si era riverberata in una diversità metodologica. Per necessità e per scarsezza di mezzi il fronte del No aveva dovuto puntare tutte le sue carte su una campagna povera e sviluppata dal basso, a partire dai territori. Su questo versante il No è stato egemone, anche perché le sue iniziative muovevano da una pluralità di centri d'azione (i "cento fiori" di brunettiana memoria). Il messaggio veicolato dalla base saltava i grandi giornali e il *mainstream* televisivo (media costosi e prevalentemente ostili) per trasferirsi direttamente sulla Rete. Su Facebook e su Twitter, dove conta più l'inventiva che il denaro, non c'è stata partita: il No ha stravinto.

Dall'altro lato della barricata, il fronte del Sì ha puntato su una leadership unica (Renzi certi giorni lo si trovava in contemporanea su tutte le reti e si aveva l'impressione di poterlo veder sbucare anche aprendo il frigorifero di casa) la cui comunicazione passava per lo più attraverso i media tradizionali, a fronte di una mobilitazione sui territori inevitabilmente limitata perché implementata da una sola "agenzia". Sicché la sconfitta di Matteo Renzi al referendum non ha rappresentato solo una disfatta nella battaglia più importante della legislatura: è stata anche la sconfitta quasi mortale di una leadership e di una modalità di azione politica.

Credo che lui ne fosse consapevole e proprio per questo, per tentare di salvare *in extremis* una centralità che aveva ricercato con una caparbietà quasi compulsiva, dal giorno successivo al 4 dicembre e alle inevitabili dimissioni da Presidente del Consiglio ha perseguito in ogni modo lo sbocco delle elezioni anticipate. Renzi non ha mantenuto l'impegno, assunto persino nella solennità delle aule parlamentari, di ritirarsi dalla politica. Certo, non ha potuto fare a meno di dimettersi da capo del governo. Ma ha guidato lui la successione scegliendo come premier il ministro degli Esteri Paolo Gentiloni, ai suoi occhi in quel momento il più affidabile tra i pretendenti, e imponendo un esecutivo-fotocopia, nel quale il ministro Boschi veniva addirittura promosso alla segreteria generale di Palazzo Chigi.

Gentiloni, posto di fronte al bivio tra l'assecondare la brama di riconquista del leader azzoppato o avviare la paziente ricucitura della trama di un Paese dilaniato, fin da subito ha mostrato uno stile differente rispetto a quello di Matteo Renzi. Il tratto conciliante, alla ricerca del basso profilo e delle compatibilità, lo avrebbe inevitabilmente portato a distinguersi sempre di più dal suo predecessore. E il fatto stesso che il suo governo sia stato varato ha sancito una cesura nei confronti del modello di un sostanziale governo del premier, privo di regole istituzionali certe, nel quale la maggioranza non è il prodotto di una logica di coalizione ma un'entità di fatto plasmata e schiacciata sulle volontà del capo.

L'avvento del nuovo esecutivo ha aperto necessariamente la strada a riaggiustamenti ed evoluzioni nei ranghi stessi della compagine che lo sostiene. Il tema riguarda innanzi tutto gli alleati del Pd: qualora ne avessero la voglia e le capacità, da *junior partner* eterodiretti potrebbero passare a pretendere un ruolo in una coalizione di centrosinistra. E questa ipotesi sarebbe per forza di cose destinata a ripercuotersi anche sugli equilibri interni al Pd. Al netto dell'inevitabile distacco di quanti al referendum si erano schierati per il No (infatti nel mese di febbraio 2017 sarebbe nato Articolo 1 – Movimento democratico e progressista), nello stesso partito guidato da Matteo Renzi s'avanza la possibilità di una concezione della politica diversa da quella coltivata dal segretario. Di una concezione, insomma, fondata non sull'accentramento assoluto in una sola persona delle posizioni di vertice nel partito e nel governo, ma sulla diversificazione dei ruoli e sulla ricerca di una coalizione più ampia che possa vedere il Pd come baricentro, in grado di aggregare sia in direzione dei centristi che verso una sinistra più identitaria.

Nel corso della lunga fase di decongestionamento e assestamento iniziata all'indomani del referendum, a bloccare in parte questa potenziale dinamica è intervenuta per volontà di Renzi l'anticipazione del congresso del suo partito, che di fatto per mesi ha egemonizzato la vita politica facendo calare una "grande bonaccia" sui lavori del Parlamento e sull'attività del governo. La spinta verso una maturazione del sistema non sembra però essersi del tutto estinta. Nel momento nel quale questo libro va in stampa, molti segnali ci dicono che intorno all'alternativa di fondo su cosa essere e come esserlo, il confronto interno al Partito Democratico sia destinato a riaccendersi.

A conti fatti, ripercorrendone le alterne vicende in una prospettiva di sistema, la diciassettesima legislatura ha attraversato tre stadi che più o meno coincidono con il succedersi dei tre governi che ne hanno scandito lo svolgimento.

All'inizio fu il governo di larghe intese, che a seguito del pareggio elettorale avrebbe dovuto realizzare alcuni interventi urgenti in campo economico, condurre in porto la scrittura di nuove regole condivise, e consentire nel frattempo alle culture politiche tradizionali di rinnovarsi adeguandosi ai problemi inediti del nuovo millennio. Questa impostazione iniziale, di cui la nascita di Ncd aveva provato a evitare la liquidazione, si incrina con il disarcionamento di Enrico Letta e svanisce del tutto con la rottura del patto del Nazareno.

Ad essa si sostituisce l'imposizione di una premiership tanto egemone e impetuosa da annullare la nozione stessa di coalizione. Chi in quel contesto si trova in maggioranza, più che come alleato deve porsi innanzi tutto come seguace del premier. Il fatto che questa scommessa abbia mancato la prova della legittimazione popolare al momento del varo di una profonda riforma della Costituzione ne ha sancito il fallimento e ha riaperto lo spazio per un confronto tra centrodestra e centrosinistra, con la persistenza di un terzo (o più probabilmente secondo) "incomodo" in agguato (il Movimento 5 Stelle) che però, nel frattempo, si è misurato con la responsabilità di governo in alcune importanti città con esiti se non disastrosi quantomeno gravemente insufficienti.

Renzi, dal canto suo, ha cercato di bloccare il terzo tempo della legislatura giocando d'anticipo. Non c'è riuscito. Anche perché, oggettivamente, dopo il referendum era difficile andare a votare stante il pasticciaccio brutto della legge elettorale.

Quello del sistema elettorale, come ampiamente detto, è stato uno degli elementi sui quali si era sviluppato il mio dissenso all'interno di Ncd. In un contesto non più bipolare, era ovvio che un impianto a doppio turno, che non prevedesse una soglia di accesso al ballottaggio, sarebbe andato incontro alle stesse obiezioni che avevano portato la Consulta a dichiarare l'incostituzionalità del Porcellum. Per rendere legittimo un meccanismo del genere sarebbe stato necessario modificare anche la forma di governo introducendo un premierato ben regolato, come proposto peraltro nella relazione della commissione di esperti che avevo presieduto. Sul piano politico, inoltre, l'Italicum avrebbe posto una forza di governo diversa dal Pd, a fine corsa, di fronte all'alternativa non esaltante tra l'essere inglobata dal partito di Renzi e il cadere in una insostenibile contraddizione.

Sul versante tecnico-istituzionale, a sollevare analoghe critiche sarebbero state nel tempo anche le varie ordinanze di rimessione, a cominciare da quella del Tribunale di Messina, attraverso le quali quella legge elettorale imposta alla Camera con il voto di fiducia è stata portata all'attenzione della Corte Costituzionale. Come era facile prevedere, la sentenza – emessa all'inizio del 2017 dopo che la Consulta, con una scelta di opportunità politica discutibile considerata la natura dei suoi giudizi, si era premurata di non pronunciarsi prima del referendum per non influenzarne l'esito – avrebbe dichiarato incostituzionali diverse norme qualificanti dell'Italicum. In particolare è caduto il doppio turno così com'era stato congegnato e, per quanto riguarda il criterio di opzione per i capilista eletti in più collegi, in base a una vecchia legge degli anni '50 risultante dalla cancellazione delle disposizioni illegittime, dal pronunciamento della Corte è venuto fuori che a scegliere non siano i plurieletti ma un sorteggio.

Non si tratta di una stravaganza. Il fatto è che i giudici non possono scrivere una nuova legge elettorale: possono solo operare per ritagli, facendo magari rivivere norme precedenti in modo tale che non resti un vuoto legislativo e che in una situazione di assoluta emergenza il Paese abbia comunque la possibilità di recarsi alle urne.

Nella sentenza la Corte Costituzionale lo ricorda con chiarezza, e a più riprese ammonisce il legislatore con un messaggio che, tradotto in volgare dal linguaggio felpato dei giudici delle leggi, potrebbe suonare più o meno così: «Dalle nostre sentenze emesse in tempi diversi sono risultate due leggi differenti, una per il Senato e una per la Camera. Le due leggi, per forza di cose, non sono tra loro coerenti né congruenti. Per di più alcune vecchie disposizioni tornate in vita derivano da precedenti norme, dal momento che noi siamo impossibilitati a produrre legislazione positiva. Stai attento a te, legislatore: un modo per andare a votare c'è, ma per via dell'incongruenza di cui sopra non è affatto detto che esso risponda a criteri di costituzionalità e che, nel caso in cui le norme elettorali dovessero tornare ad essere sottoposte al nostro giudizio, su di esse noi daremmo il disco verde. Noi abbiamo fatto il nostro lavoro ma sta a te, legislatore, rimetterci le mani».

La politica ci ha messo un po' a recepire il messaggio della Corte e a tradurlo in pratica. Alla fine il Parlamento una legge l'ha approvata e, al di là delle sue imperfezioni sulle quali a lungo si potrebbe disquisire, rispetto alle due leggi asimmetriche derivate dalle sentenze della Consulta sul Porcellum e sull'Italicum, si è fatto un sostanzioso passo avanti. Va detto anche, però, che il voto di fiducia imposto da Renzi sull'Italicum ha condizionato l'approvazione del nuovo sistema di voto. La questione di fiducia è stata riproposta sul Rosatellum e questa, a mio avviso, è e resta un'ignominia. Certo, a differenza della volta precedente, in questo caso c'era almeno il consenso di larga parte delle opposizioni, e ciò attenua la portata dello sbrego. Ma sempre di sbrego si tratta.

Chi invece fin dall'inizio ha inteso perfettamente il messaggio in bottiglia della Corte Costituzionale è il Presidente della Repubblica, che lo ha più volte rammentato al segretario del Pd nei mesi del suo scomposto scalpitare alla ricerca di elezioni anticipate dopo la batosta referendaria: *primum* legge elettorale, *deinde* si può tornare alle urne. Ed è proprio dal contrasto tra l'evidenza giuridica e l'ostinazione renziana che origina il lungo stallo attraversato dalla Commissione Affari Costituzionali del Senato a cavallo tra il 2016 e il 2017.

Prima ancora del referendum, insieme ad altri colleghi senatori che avevano preso parte all'iniziativa trasversale per il No alla Residenza di Ripetta, avevo presentato i disegni di legge sulla riduzione del numero dei parlamentari e la semplificazione del procedimento legislativo. Due proposte semplicissime che avrebbero potuto essere approvate nel giro di sei mesi.

Subito dopo la vittoria del 4 dicembre ne chiedo ufficialmente la calendarizzazione, e avrei continuato a farlo a più riprese nelle settimane e nei mesi successivi. Si pone però un problema. Anna Finocchiaro viene infatti nominata nel governo Gentiloni ministro per i Rapporti col Parlamento, ruolo fin lì ricoperto da Maria Elena Boschi assurta a più prestigioso incarico. La presidenza della Commissione Affari Costituzionali, che fino a quel momento Anna aveva efficacemente occupato, è dunque sede vacante. E appare chiarissimo che nell'immediato nessuna sostituzione sarebbe stata effettuata per garantire a quel consesso piena operatività: prima si sarebbero dovuti attendere i risultati del congresso Pd, poi la scelta sarebbe dovuta cadere su un uomo del Pd – possibilmente renziano – in grado di assicurare che il testo della legge elettorale, eventualmente approvato dalla Camera (dove la questione era stata nel frattempo incardinata), fosse liquidato in pochi giorni e senza intoppi dalla competente commissione di Palazzo Madama. Renzi in seguito si sarebbe particolarmente affezionato al *refrain* della «riforma che quelli del No avevano promesso in sei mesi e che non hanno fatto», ma ci sono gli atti parlamentari a dimostrare che ancora una volta non ha da prendersela che con se stesso.

Mentre la politica italiana attende in apnea i comodi del segretario del Pd, a mandare avanti l'ordinaria amministrazione dell'importante e strategico organismo parlamentare viene chiamato il vicepresidente, Salvatore Torrisi (detto Salvo), uomo di Ncd che ben conosco in quanto a lungo mio compagno di gruppo. Ne apprezzo la lealtà e conosco il suo giudizio critico sulla riforma renziana e ancor più sui metodi con i quali la si sarebbe voluta imporre. In quel difficile frangente Salvo si dimostra in grado di assicurare efficienza ed equilibrio, garantendo la maggioranza di cui fa parte senza però mai calpestare le opposizioni. Col passare del tempo conquista insomma la fiducia dei componenti della Commissione Affari Costituzionali.

Arrivato dopo quattro mesi di rinvii il momento di eleggere finalmente il presidente effettivo, le referenze maturate gli valgono quasi naturalmente l'investitura e la conferma in un ruolo che nella sostanza già svolge da tempo. Tradirei però lo spirito di "glasnost" di questo libro se non dicessi qualcosa di più. L'idea di una nomina di Torrisi a presidente di garanzia l'avevo avuta alcuni mesi prima, appena appreso della designazione di Anna Finocchiaro come ministro, e ne avevo parlato con il capogruppo di Forza Italia in Commissione, Anna Maria Bernini, in occasione del compleanno di Bianca Berlignuer. Da allora con Anna Maria saremmo rimasti in contatto fino al momento di passare ai fatti. Ero convinto che sul nome di Salvatore si sarebbe raggiunta l'unanimità dei consensi. Anche da Maurizio Migliavacca, interpellato dopo la scissione di Mdp dal Pd, avrei ricavato un assenso di massima.

Giunti al momento decisivo, però, Renzi cala il suo *niet*. Pretende che la Commissione venga guidata da un uomo di sua fiducia. Ma ancora una volta conduce le operazioni in modo maldestro. Inizialmente viene infatti individuata una terna composta da Roberto Cociancich, Franco Mirabelli e Giorgio Pagliari. Alla fine, *in extremis*, la designazione come candidato d'ordinanza cade su quest'ultimo: un eccellente collega che però non trova neppure il tempo di chiedere il voto ai componenti della commissione. È l'ennesimo, non insignificante atto di protervia istituzionale in salsa renziana.

È a questo punto che chiamo Salvo Torrisi. Ho bisogno di sapere cosa avrebbe fatto se fosse stato eletto e avesse ricevuto una richiesta di dimissioni. Se avrebbe compiuto il richiesto passo indietro o al contrario avrebbe tenuto duro. La sua risposta è istituzionalmente inappuntabile: non avrebbe sollecitato la candidatura, non avrebbe votato per se stesso, ma nel caso in cui la scelta fosse caduta su di sé avrebbe rispettato il verdetto, anche perché non intende fuoriuscire dalle fila della maggioranza. È quanto mi basta.

Contemporaneamente, e con maggiore efficienza di quanto faccia io, nella stessa direzione opera Roberto Calderoli. La battaglia all'inizio dell'aprile 2017 si fa dura. I numeri sono sul filo e ogni voto può essere determinante. Approfittando del fatto che a causa di alcune fuoriuscite il gruppo del quale faccio parte ha perso nel frattempo il diritto ad avere due rappresentanti in commissione, e che essendo io entrato per secondo sarei stato il primo a decadere, tentano in ogni modo di farmi fuori. Il rischio viene sventato grazie alla generosità del collega Luigi Compagna. Additato spesso come il primatista mondiale dei voltagabbana per aver cambiato nove volte gruppo parlamentare, in realtà Compagna è stato il senatore più coerente della diciassettesima legislatura. Da quando si è consumato lo "scisma" di Ncd ha lavorato affinché una forza di rinnovato centrodestra potesse affiancarsi a Forza Italia e rafforzare la componente liberale e conservatrice in un quadro di ritrovata unità dello schieramento. Per questo negli anni ha "prestato" la sua adesione per impedire che alcuni gruppi attaccati dalle sirene del renzismo e dintorni venissero numericamente meno (ad esempio gli allora Conservatori e Riformisti) o che alcuni membri di commissioni strategiche fossero fatti decadere. Si trattava insomma di spostamenti "tecnici" tra formazioni parlamentari contigue all'interno di una coerente strategia politica, cosa che nessuna fredda statistica potrà mai rilevare.

Anche nel caso in specie il trasloco del collega è funzionale alla causa. L'uscita di Luigi dal gruppo misto, dove era approdato a causa dello scioglimento "coatto" dei Conservatori e Riformisti, e il suo ritorno nel gruppo delle Grandi Autonomie e Libertà, dove in quel momento siamo accasati noi senatori di "Idea", è necessario perché io possa restare nella Commissione Affari Costituzionali e partecipare all'elezione del presidente. Come sempre, pur consapevole che ogni cambiamento è pur lui un ulteriore stigma in termini di immagine, Luigi accetta senza batter ciglio e la sua disponibilità si rivela determinante per blindare il fronte dell'opposizione al vagheggiato blitz renziano.

Il giorno fatidico della votazione incrocio al ristorante del Senato, seduti a pochi tavoli di distanza dal mio, i colleghi di Mdp Maurizio Migliavacca e Doris Lo Moro. Uno sguardo di intesa è sufficiente per intuire le loro intenzioni. Capisco in quel momento che per Torrisi è fatta. E così accade poche ore dopo, con sedici voti dei quali, a un conto approssimativo, almeno uno proveniente dal Pd.

L'ira renziana non tarda a manifestarsi. L'ex premier intima ad Alfano di far dimettere il neo eletto presidente della Commissione Affari Costituzionali. Parla di risultato inaccettabile che a suo dire avrebbe certificato il manifestarsi di una nuova e diversa maggioranza in Senato. Il fatto che in alcune circostanze una logica istituzionale di garanzia possa essere sovraordinata rispetto al calcolo politico è un concetto evidentemente estraneo al suo orizzonte.

Il segretario del Pd fa il diavolo a quattro, ma invano. L'atteggiamento mantenuto da Torrisi in linea con le rassicurazioni della vigilia – al quale a mio avviso è da aggiungersi una discreta *moral suasion* da parte delle alte cariche dello Stato – consente di superare anche questa crisi. L'Accozzaglia ha vinto ancora.

Nel frattempo era scoppiato il caso Consip. Circa un mese prima del referendum, «La Verità» aveva dato conto di una preoccupazione che assillava Tiziano Renzi, padre dell'allora premier, a proposito di un'inchiesta della Procura di Napoli. Nelle settimane successive «Il Fatto Quotidiano» e lo stesso giornale diretto da Maurizio Belpietro avrebbero via via svelato i contorni di una vicenda complessa, multiforme e in continuo divenire.

In estrema sintesi, da un lato c'è l'indagine su una gara miliardaria, sulla presunta corruzione di un funzionario della società del ministero dell'Economia, prima stazione appaltante d'Italia (la Consip, appunto), da parte dell'imprenditore napoletano Alfredo Romeo, e sui contatti fra quest'ultimo e un personaggio poco noto alle cronache ma vicinissimo al cuore del Giglio magico e in particolare a babbo Renzi: l'imprenditore Carlo Russo da Scandicci. D'altro canto, parallelo a questo filone, ce n'è un altro apertosi quando Luigi Marroni, amministratore delegato della Consip, già renzianissimo, senza motivo apparente dispone una bonifica del suo ufficio, compromettendo irrimediabilmente l'inchiesta con la rimozione di alcune microspie che erano state piazzate lì a fini investigativi. Sentito dagli inquirenti, Marroni riferisce di essere stato avvertito a più riprese dell'esistenza di accertamenti in corso e fa quattro nomi fra i quali quello di Luca Lotti, petalo chiave del Giglio renziano, sottosegretario alla presidenza del Consiglio nel governo Renzi e ministro dello Sport nel governo Gentiloni (gli altri nomi sono Filippo Vannoni, presidente di una società partecipata dal Comune di Firenze, nel 2015 nominato da Renzi consigliere economico di Palazzo Chigi, il comandante dei carabinieri della Toscana Emanuele Saltalamacchia e il presidente Consip Luigi Ferrara, che a sua volta sarebbe stato messo sul chi va là dal comandante dei carabinieri Tullio Del Sette, anche se Ferrara avrebbe in seguito specificato che si era trattato di un generico avviso a stare attento a Romeo). Anche Vannoni, interrogato sulla fonte delle sue informazioni, fa ai magistrati il nome di Lotti, salvo in seguito ritrattare.

Lotti, dal canto suo, indagato per rivelazione del segreto e favoreggiamento, smentisce di essere stato la gola profonda all'origine della fuga di notizie che di fatto ha bruciato l'indagine, impedendo fra l'altro che sulle cordate che ruotavano attorno agli appalti Consip si potesse fare luce a 360 gradi e non a senso unico o quasi.

Il Ministro dello Sport si definisce vittima di una calunnia, e qui certamente non è in gioco la sua presunta innocenza o il garantismo che vale sempre e in primo luogo per gli avversari. Il fatto è che l'esplosione di questa vicenda pone il governo di fronte a una contraddizione insanabile, che chiama in causa in primo luogo il ministro dell'Economia Pier Carlo Padoan e che si mostra in tutta la sua evidenza quando il caso Lotti approda in Parlamento per via di una mozione di sfiducia individuale presentata dal Movimento 5 Stelle.

Il governo fa infatti quadrato intorno al ministro, ne sostiene la correttezza e ne appoggia le ragioni. Ma allo stesso tempo il Ministro dell'Economia blinda l'amministratore delegato della Consip (di cui il ministero è socio unico), lo difende in Parlamento e, come si apprende a mezzo stampa, ne respinge le offerte di dimissioni. In questo intreccio familistico di potere e rancori concentrati nel giro di pochi chilometri quadrati tra piazza della Signoria e il Valdarno, l'esecutivo finisce per schierarsi sia con l'accusato che con l'accusatore, tanto con il presunto calunniatore quanto con il sedicente calunniato.

Il tema, insomma, è eminentemente politico. Ma la mozione di sfiducia individuale non appare la strada giusta per affrontarlo. Non solo perché non ha alcuna possibilità di prevalere sul piano numerico. Soprattutto, si tratta di uno strumento di dubbia fondatezza giuridica. Sul fronte del centrodestra lo avevamo sostenuto fin da quando questa pratica fu utilizzata per far fuori il guardasigilli del governo Dini, Filippo Mancuso: coerenza impone che non si possano applicare due pesi e due misure a seconda che sul banco degli accusati ci sia un amico oppure un avversario politico. A ciò si aggiunga che la cultura garantista prescrive di non considerare un'iscrizione sul registro degli indagati alla stregua di una sentenza di condanna, sebbene anche in questo campo Matteo Renzi abbia introdotto delle sorprendenti innovazioni. Nel corso della sua esperienza di governo l'ex premier ha infatti difeso a spada tratta sottosegretari e ministri inquisiti e ha invece favorito le dimissioni, per "opportunità politica", di membri dell'esecutivo non indagati, come nel caso di Maurizio Lupi o di Federica Guidi. Sicché, per paradosso, un componente del governo Renzi, sfiorato da un'indagine giudiziaria, per restare al suo posto avrebbe dovuto augurarsi di ricevere un avviso di garanzia. Di fronte all'incriminazione sarebbe scattata la tutela garantista, anche con il gusto della sfida ai magistrati a favor di telecamere; in assenza di contestazioni penali si sarebbe rimasti nel terreno dell'opportunità politica, dai confini piuttosto evanescenti.

Sulla mozione di sfiducia, con gli amici di "Idea" non partecipiamo al voto. Assumiamo però un'altra iniziativa politica, che avrebbe inchiodato il governo e il Pd alle sue contraddizioni senza nulla concedere al giustizialismo.

Nel frattempo, infatti, sui giornali erano trapelati i verbali delle dichiarazioni rese da Luigi Marroni all'autorità giudiziaria, confermate e ulteriormente approfondite dal diretto interessato in interviste "in chiaro". In queste esternazioni di varia natura, l'amministratore delegato della Consip non si era limitato ad accusare il ministro Lotti e gli altri di avergli spifferato l'esistenza delle indagini, ma aveva riferito di presunte pressioni subite da Tiziano Renzi e Carlo Russo (entrambi indagati nell'inchiesta) in merito a una gara d'appalto, giungendo a parlare di "spregevole ricatto" in quanto la posta in gioco, a suo dire, sarebbe stata la conservazione del suo incarico che com'è noto è diretta emanazione del governo.

La vicenda avrebbe inoltre subìto ulteriori sviluppi. Un nuovo filone, avviato dalla Procura di Roma a carico di ufficiali del Noe, avrebbe riguardato la genuinità di alcuni elementi di indagine. In particolare, nell'informativa predisposta per la Procura di Napoli nella prima fase dell'inchiesta, sarebbe stata falsamente sostenuta l'ipotesi di una interferenza dei servizi segreti nelle attività investigative, e sarebbe stata indebitamente attribuita a Romeo un'intercettazione per accreditare l'esistenza di un rapporto diretto tra Tiziano Renzi e l'imprenditore e avvalorare la tesi che un appunto rinvenuto nel cestino della spazzatura di quest'ultimo (e disconosciuto dall'interessato) si riferisse a presunte dazioni di denaro in favore di Carlo Russo e del babbo dell'ex premier.

Va da sé che l'alterazione di elementi di indagine sarebbe un fatto gravissimo sul quale ovviamente fare piena luce, ma certo non esaurisce (né sminuisce) la vicenda Consip, come invece in tanti vorrebbero far credere. Sul fronte degli appalti, ad esempio, il quadro che va emergendo fa immaginare una realtà di cordate, pressioni e guerre incrociate molto più complessa e molto meno a senso unico di quella inizialmente venuta in superficie. Una realtà che probabilmente la fuga di notizie sull'esistenza dell'inchiesta, quella di cui è accusato il ministro Lotti e che ha portato alla rimozione delle microspie dagli uffici della Consip, impedirà di ricostruire fino in fondo.

Su tutto ciò noi abbiamo sempre ritenuto che debba essere la magistratura a fare chiarezza. Sul piano istituzionale, tuttavia, due elementi balzano fin da subito agli occhi.

Siamo ai primi di marzo del 2017. Da un lato questo clima fetido di accuse, veleni e opacità intorno alla stazione appaltante che maneggia gare milionarie e addirittura miliardarie per la pubblica amministrazione rende ancora più insostenibili e sospette le contraddizioni del governo. Dall'altro, con le sue rivelazioni esplosive, Marroni (mai indagato in sede penale) ha di fatto candidamente ammesso di aver infranto il codice etico della Consip, che avrebbe imposto un assoluto distacco rispetto a personaggi direttamente o indirettamente interessati agli appalti gestiti dalla società. Indipendentemente dai torti e dalle ragioni che saranno i giudici ad assegnare, ce n'è abbastanza per ritenere che quel manager già renzianissimo abbia tenuto un comportamento non adeguato alle regole di condotta di una società così strategica per l'economia dello Stato e per la trasparenza della pubblica amministrazione.

In questo quadro, come può l'esecutivo lasciare al suo posto l'amministratore delegato della Consip senza destare un legittimo sospetto? E come è conciliabile questa resistenza con la difesa a spada tratta di Luca Lotti di cui Marroni è grande accusatore? Di fronte a una così pressante esigenza di chiarezza, non è opportuno che Marroni venga messo nelle migliori condizioni per collaborare appieno con l'autorità giudiziaria e dire tutto ciò che sa?

Con Andrea Augello trasferiamo queste considerazioni in una mozione parlamentare che depositiamo in Senato per chiedere al ministro Padoan di azzerare e rinnovare con criteri di trasparenza i vertici della Consip. Nel giro di poco tempo riusciamo a raccogliere il numero di firme necessarie a far scattare la procedura d'urgenza, che impone la discussione dell'atto entro trenta giorni. Aderiscono parlamentari di tutti i gruppi del centrodestra, ai quali si aggiungono colleghi del Movimento 5 Stelle e di Sinistra Italiana.

Questa iniziativa si rivela per il governo ben più imbarazzante della mozione di sfiducia individuale nei confronti di Lotti. Non a caso, anche una volta trascorso il trentesimo giorno, a ogni riunione della conferenza dei capigruppo la sua calendarizzazione viene rinviata. Senonché, a un certo punto, la storia della mozione Consip si interseca con uno sviluppo decisivo per la nostra azione parlamentare.

23.

Il fattore umano

Dal momento dell'uscita da Ncd, il nostro intento era stato quello di dar vita in Senato a un gruppo di centrodestra liberale e conservatore, autonomo ma coordinato con Forza Italia e alleato con la Lega, affinché tutti insieme si potesse potenziare l'opposizione attraverso un'azione numericamente e politicamente incisiva (non ho menzionato Fratelli d'Italia, con cui non mancano le iniziative e le battaglie comuni, perché in questa legislatura la sua rappresentanza è stata a lungo concentrata alla Camera e solo nell'ultima fase si è estesa al Senato con l'adesione di un collega).

Nel coltivare questa prospettiva, per parecchio tempo ci siamo mossi tra due gruppi. Da un lato il Gal (Grandi autonomie e libertà) presieduto da Mario Ferrara, una sorta di gruppo misto di centrodestra (al Senato il gruppo misto "ufficiale" grazie alla guida energica ed efficiente di Loredana De Petris è fortemente egemonizzato da parlamentari a sinistra del Pd) nel quale a lungo la componente di "Idea" è stata ben accolta. Dall'altro il gruppo dei Conservatori e Riformisti, marcato stretto dai colleghi di "Ala" e in due occasioni, alla luce di incursioni avversarie andate a buon fine, soccorso dall'adesione tecnica di senatori di "Idea" per evitare che la scomparsa di un raggruppamento parlamentare indebolisse l'opposizione.

Alla fine, tuttavia, l'iniziativa di un'aggregazione in Senato ci troviamo a prenderla in proprio. Ci mettiamo al lavoro in questa direzione a partire dal mese di marzo, con il supporto del capogruppo di Forza Italia, Paolo Romani, e al dunque anche il sostegno di Silvio Berlusconi.

Con il Cavaliere ne parlo nella seconda metà di maggio. Il nuovo gruppo avrebbe contribuito alla ricomposizione di un'area troppo a lungo disgregata. La nostra ambizione sarebbe stata quella di rappresentare un'avanguardia piccola ma coesa, determinata a dare il proprio contributo per rendere l'azione del centrodestra nella trincea del Senato ancor più incisiva e sfornare proposte legislative in vista di un programma unitario della coalizione. A Berlusconi assicuro che, pur gelosi della nostra autonomia, avremmo coordinato con Forza Italia le iniziative parlamentari. Il dialogo e la comune visione su una prospettiva politica di fondo sviluppati nel tempo con Paolo Romani sono in tal senso di indubbio incoraggiamento.

Berlusconi mi dà carta bianca, chiedendomi il solo impegno ad adottare in Parlamento una strategia condivisa sulla legge elettorale. A me tuttavia era già evidente che nella prospettiva dell'unificazione del centrodestra la sinergia sul sistema di voto sarebbe risultata non solo opportuna ma addirittura indispensabile.

Della costituzione del gruppo parlo anche con Giorgia Meloni, leader di Fratelli d'Italia, e con il vicesegretario della Lega Giancarlo Giorgetti.

Il 25 maggio 2017, a un anno e mezzo dalla nascita di "Idea", viene proclamata in Senato la costituzione del nuovo gruppo. Vi aderiscono Francesco Aracri, Giovanni Bilardi, Cinzia Bonfrisco (quest'ultima in rappresentanza del Partito Liberale), Michelino Davico, Ulisse Di Giacomo, Serenella Fucksia, oltre ovviamente ad Augello, Compagna, Giovanardi e al sottoscritto. Il nome, "Federazione della Libertà", incarna l'aspirazione a un percorso unitario che non sacrifichi e anzi valorizzi le differenti identità e i diversi percorsi compiuti nel corso di questa tormentata legislatura.

Più avanti, grazie a una iniziativa assunta ancora una volta insieme a Paolo Romani, quel cammino di riaggregazione avrebbe compiuto un passo ulteriore. La denominazione del gruppo si sarebbe identificata con quella del movimento che ne aveva costituito il nucleo originario, "Idea". E il nome Federazione della Libertà, così evocativo rispetto alla storia del centrodestra unitario, avrebbe racchiuso il coordinamento di tutti i gruppi di centrodestra presenti in Senato a eccezione della Lega, solido alleato dotato di una sua autonoma identità.

Fatto sta – e qui dopo un lungo giro torniamo alla casella di partenza – che la costituzione del nuovo gruppo si rivela essenziale per gli esiti della nostra mozione sul caso Consip. Il 30 maggio 2017 partecipo infatti alla prima conferenza dei capigruppo in qualità di presidente della neonata formazione parlamentare, ed esco da quella riunione con in mano la data di discussione del documento che fino a quel momento sembrava destinata a essere rinviata *sine die*. L'appuntamento in aula è fissato per il successivo 20 giugno.

In vista del match parlamentare, la contraddizione per il governo si fa non più sostenibile. Il rischio di andare sotto per l'esecutivo è fortissimo, sicché alla vigilia del dibattito in Parlamento il ministero dell'Economia alza bandiera bianca e "dimissiona" gli amministratori della Consip. Una Caporetto per il ministro Padoan e l'intero governo, per noi un grande risultato che tra l'altro, come già detto, pone evidentemente Luigi Marroni e gli altri vertici uscenti dell'azienda nelle migliori condizioni per poter collaborare con i magistrati al fine di giungere all'accertamento della verità.

Per quanto ci riguarda questa iniziativa non è frutto di uno speciale accanimento, bensì esempio di una rigorosa opera di opposizione tesa a incalzare senza sconti un potere che si ritiene al di sopra di ogni sospetto e di ogni controllo. In questa medesima logica, al momento delle rivelazioni di Ferruccio de Bortoli nel libro *Poteri forti (o quasi)* su presunti contatti e pressioni verso importanti istituti di credito per il salvataggio di Banca Etruria, piuttosto che abbaiare alla luna predisponiamo una documentatissima interrogazione parlamentare per chiedere la conferma o la smentita di una serie di incontri ravvicinati del terzo tipo tra diversi membri del governo Renzi e alcuni istituti bancari aventi ad oggetto la sorte della banca aretina, e soprattutto per chiedere se taluni atti, compiuti successivamente dal governo e suscettibili di essere interpretati come ostili e ritorsivi, avessero nulla a che fare con la bocciatura del dossier da parte degli istituti contattati (non solo Unicredit...). E infine, sempre sullo stesso filone, grazie a una mozione presentata da "Idea" (a prima firma Augello) in occasione del dibattito sul salvataggio delle banche venete, seguita da iniziative di analogo tenore da parte di tutte le opposizioni e di Mdp, il Senato con un voto unanime avrebbe impegnato il governo ad ampliare la platea dei risparmiatori con diritto al risarcimento e a impedire con l'interdizione perpetua che gli amministratori responsabili del dissesto di istituti di credito possano continuare a fare danni in futuro.

È sull'onda di questo protagonismo parlamentare che "Idea" affronta le elezioni amministrative del giugno 2017. A quell'appuntamento ci eravamo preparati per tempo, attraverso un lungo percorso cominciato all'inizio dell'anno con un patto di adesione siglato da oltre cinquanta liste civiche, associazioni territoriali e movimenti radicati in tutto il Paese. Lo schema per le elezioni comunali è quello già sperimentato: accordi federativi con formazioni civiche o presentazione del simbolo di partito, sempre e comunque in coalizioni alternative alla sinistra. Questa volta, tuttavia, la presenza è ben più massiccia. A poco più di un anno dalla sua nascita, "Idea" in questa competizione elettorale è presente in 11 capoluoghi di provincia sui 25 chiamati al voto, in 40 comuni superiori ai 15mila abitanti e in numerosi comuni di dimensioni minori. Il bilancio della tornata è di 53 consiglieri comunali e 3 sindaci eletti, con punte percentuali a doppia cifra in importanti realtà. E questi amministratori neo-eletti vanno ad aggiungersi a quanti avevano già aderito al movimento. Nei mesi successivi il radicamento territoriale avrebbe peraltro continuato a crescere.

All'indomani del voto ci sentiamo autorizzati a rivendicare il successo della nostra giovane avventura. Soprattutto, però, vince il modello che per primi avevamo propugnato: quello dell'alleanza tra centrodestra e civismo. Le elezioni amministrative dimostrano che i partiti tradizionali hanno bisogno di un ingrediente in più, e attestano che quando questo ingrediente c'è, il centrodestra è in grado di sbaragliare non solo la sinistra ma anche l'alleanza sulla carta imbattibile tra il centro e la sinistra. È quanto accade ad esempio a Verona, dove a confrontarsi al secondo turno sono il candidato di centrodestra appoggiato dal movimento civico federato a "Idea" ("Verona Domani", animato dall'amico Stefano

Casali) la cui lista raccoglie quasi il 14 per cento dei consensi, e il candidato centrista espresso dall'ex sindaco Flavio Tosi che alla vigilia delle elezioni riceve l'*endorsement* di Renzi in persona. A tavolino non c'è partita, e invece le urne smentiscono le previsioni: la coalizione civico-destrorsa stravince!

Più di ogni altra considerazione e soprattutto di ogni rivendicazione, è però importante il significato di fondo che la tornata amministrativa del giugno 2017 ci consegna. Dopo una lunga crisi, la sconfitta della sinistra e la concomitante battuta d'arresto del Movimento 5 Stelle rilanciano la coalizione di centrodestra e la mettono nelle condizioni di aspirare nuovamente al governo del Paese. Al momento di mandare in stampa queste pagine il rinnovato protagonismo, che le elezioni regionali siciliane avrebbero confermato con una non scontata vittoria, è tuttavia una potenzialità che il centrodestra deve ancora dimostrare di saper mettere a frutto.

La nostra bussola è sempre stata l'unità della coalizione. "Idea" l'ha pervicacemente e ostinatamente perseguita fin dal primo giorno, mettendo in ogni occasione il suo ruolo di minoranza creativa al servizio di un progetto politico più ampio. Lo abbiamo fatto sulle unioni civili, sul referendum, in Parlamento con iniziative quali quelle su banche e caso Consip poc'anzi ricordate.

Nella stessa prospettiva ci si incontra con Altero Matteoli, militante leale e appassionato e amico di lunghe chiacchierate. È in questo contesto che la sua fondazione Libertà per il Bene comune e la fondazione Magna Carta assumono l'iniziativa di promuovere a cadenza regolare una serie di eventi tematici, per riunire intorno allo stesso tavolo le varie anime del centrodestra e dimostrare che quando si parla di contenuti ciò che ci unisce è più di ciò che ci divide, e anche laddove vi sono delle diverse sensibilità esse non hanno nulla a che vedere con la voragine ideale e valoriale che ci separa dai nostri avversari, e con un po' di buona volontà possono essere trasformate in ricchezza e potenzialità. Lo si vede chiaramente nel dialogo con Giorgia Meloni, che è parte della nostra storia e protagonista necessaria del tentativo di riconnettere in un percorso unitario, imposto dall'esigenza di dare risposte ai problemi inediti del XXI secolo, le culture liberali e nazionali un tempo racchiuse sotto le insegne del PdL. Ma lo si vede anche nel confronto con Matteo Salvini, alleato talvolta ostico ma partner essenziale di un rapporto cementato dalle felici esperienze di governo territoriale e certamente più "sistemico" di quanto non fosse la Lega delle origini.

A un bilancio finale, questa legislatura si presenta come una lunga traversata nel deserto. Come in ogni deserto che si rispetti non sono mancate le oasi, e soprattutto non sono mancate le illusioni ottiche.

Abbiamo fallito un'occasione storica, quella di aggiornare tutti insieme la Carta fondamentale costruendo un nuovo campo da gioco sul quale confrontare le nostre alternative visioni del mondo. È stata liquidata dalla storia l'ipotesi che l'energia di un giovane premier potesse rappresentare di per sé una soluzione e supplire all'esigenza di un serio rinnovamento dell'architettura istituzionale. Abbiamo visto uno schieramento di protesta a lungo apparso come imbattibile mancare la prova del governo di grandi città, e si è compreso ancor di più che una comunità politica soltanto virtuale presenta incognite e rischi ancora superiori di quelli insiti nelle comunità politiche fatte di uomini in carne e ossa con tutte le loro debolezze e le loro virtù. Tutto sommato, da qualsiasi angolazione la si guardi, non ultima quella della parabola del renzismo e del suo spregiudicato sistema di potere, da questa tormentata legislatura deriva una conferma del fatto che senza il fattore umano la pratica della politica non ha alcun senso.

Al termine di questa lunga traversata lo schieramento che sembrava destinato a una inesorabile dissoluzione si trova invece in vantaggio. Ora sta al centrodestra compiere il salto. Deve tradurre in programma di governo le idee, i princìpi, le ricette che lo mettono oggi in sintonia con il popolo mentre la sinistra appare sempre più distante e aliena dal senso comune delle persone. Deve fare squadra. Deve saper far prosperare e proiettare verso il futuro un patrimonio politico di idealità, di unità e di comunità che la generazione dei fondatori ha costruito e che è ancora ben presente nel sentimento popolare.

Per fare tutto questo, il centrodestra deve essere in grado di imparare dai propri errori. Anche perché ha sulle sue spalle una grande responsabilità: già solo limitandosi ai freddi numeri dei sondaggi, è evidente che è l'unico schieramento che possa assicurare un governo all'Italia.

Non è certamente facile essere chiamati a guidare un Paese stremato da un decennio di crisi economica dopo che il passaggio della meteora renziana ha lasciato macerie dietro di sé. E tuttavia la sfida è avvincente, perché per reazione uguale e contraria l'impatto con la cinica aridità del renzismo ha saputo risvegliare il sentimento profondo di una comunità nazionale che ha bisogno di ritrovare una speranza. Solo il centrodestra è oggi in grado di corrispondere a questo bisogno e a questa speranza. Rimbocchiamoci le maniche, l'Italia chiamò.

Indice dei nomi

Indice

STAMPATO IN ITALIA
nel mese di novembre 2017
da Rubbettino print per conto di Rubbettino Editore srl
88049 Soveria Mannelli (Catanzaro)
www.rubbettinoprint.it